はじめての人が地方×格安不動産で
お金の自由を手に入れる5つのステップ

貯金100万円から
月収50万円生活

空き家再生人
広之内友輝

ぱる出版

月収50万円生活は
50円の半額パン生活から
始まりました

真っ赤なトイレと、真っ黒なイタンキ浜

運命の２００９年９月11日 午後８時53分。妊娠６か月の妻の

「ともくん、早く来て！」

という悲鳴のような叫び声で、２階から転がるように階段を下りてトイレに駆け付けた私の目に飛び込んできたのは、妻の下血で真っ赤っかになった便器と、真っ青になった妻の顔でした。

「ばか────────！」

子どもを流産させてしまったと思った私は、狂ったように怒鳴ったあと、逃げるように車に飛び乗り、行く先もないままアクセルを思い切り

ふかしたのでした。

私は当時、年収500万円のサラリーマンの職を捨て、起業関係に4000万円つぎ込んですっからかんなうえに、背水の陣で臨んだホテル買収に失敗し、3000万円の違約金をホテルの売主から請求されていました。

売主側の法律事務所から届いた内容証明通知にある3000万円の違約金の支払い期限が日1日と迫る中、そんな違約金のことなど知らない妻は、毎日「大丈夫だよ、何とかなるよ」という具合に、私を勇気づけていました。

しかし、何とかならないことを知っていた私には、その励ましは重荷でしかありませんでした。

当時のごはんは、近くのドラックストアで売られていた賞味期限切れ間近の6個入り半額50円の白いパンでした。

毎日これを食べながら、当時4人いた従業員に毎月約100万円の給料を払い続けていましたが、それももう限界でした。

この日、夕食を食べたあとにいつもの調子で明るく励ましてきた妻に、私はもういい加減にしろ！　とばかりに、違約金の支払い督促状を見せつけてしまったのです。

よほどショックだったのか、その夜トイレで妻は思いっきり下血してしまったのです。流産させてしまったと思った私は、もうパニックでした。

結婚して7年目ではじめてできたわが子を死なせてしまった！

そう思うと罪悪感に打ちのめされ、もうすべてから逃げたかったのです。

携帯の着信がひっきりなしに続く中着いた場所は、よく子どもの頃、父が連れて行ってくれたイタンキ浜という、誰もいない小さくて真っ暗な海岸でした。

海岸に着いて、ようやくおとなしくなった携帯をつかんで電話した先は、大失敗を続ける私をずっと応援してくれた恩人でした。

「はじめて授かった子どもの顔も見られないかもしれない」

「7000万円の失敗を償うのは、もう生命保険しかない」

そういう話を続ける私の気持ちを察して、最初は優しく聞いてくれた恩人でしたが、しつこく死にたいと告げる私に嫌気がさしたのか、急にキレて私にこう怒鳴りつけました。

いいか、死にたければ死ね！

その代わりなぁ、お前は三代苦しめるぞ！

お前の親も、お前の子ども、孫すら、お前が自殺したら苦しめられるんだ！
お前の子どもたちはなぁ、「あの子は自殺者出した家の子だ」って言われ続けるんだぞ。
それが分かって、それでもいいと思ってんなら、死ね！

涙も出ず、その勢いにぼう然とした私は、1つのことに気づいたのです。生きていても迷惑ばかりかける。でも、死んでしまっても、迷惑ばかりかけるのです。生きる価値もなければ、死ぬ価値もない自分に、気づいたのでした。

あの夜、車の中で何時間経ったか、覚えていません。本当に、バカみたいにぼーっとしていた私は、お願いだから帰ってきてくれという妻の電話に、ようやくふらふらと帰ったのでした。

多くの人の月収50万円生活をサポート

あれから7年後。

私は、25棟300室、10億円を超える不動産投資家として、ラジオ放送局J－WAVEなどのメディアに出演し投資方法を伝える一方、サラリーマンの不動産投資をサポートする「サラリーマン1億円倶楽部」を立ち上げ、今まで20億円を超える投資をサポートし、多くの方の月収50万円生活を達成させてきました。

また、2つの会社で事業を展開し、カンボジア・プノンペン・ベトナム・ホーチミン、スリランカ・コロンボなど、アジア主要都市にて不動産をはじめ通貨や資源などへの投資活動を行っています。

生きる価値もなければ死ぬ価値すらない自分から、自身の成功はもちろん、人の成功を手助けできるまでになった自分。この成功方法を教えてくれたのは、実は人間ではありませんでした。

74％が空室の1250万円のアパートでした。

お金を稼ぐ方法は、自分が働くことだけでない。もう1つのお金の稼ぎ方があることを、このアパートは教えてくれたのです。

お金を稼ぐ（所得を得る）方法はさまざまですが、大きく分ければ2つしかありません。

1つは自分で稼ぐ方法（給与所得、退職所得など）です。もう1つは、**資産の力で稼ぐ方法**（利子・配当・不動産所得など）なのです。

この2つ目の稼ぐ方法を身に着けた瞬間、あなたは、仕事やお金から、自由になるチャンスを得るのです。

昇給や昇進がなくても、収入を増やせるのです。

万一のリストラからも、自分と大切な人を守れるのです。

退職したあと、死ぬまで働かなくてもいいのです。

この本は単に不動産投資をしましょう、という単純なお話を書いているのではありません。もちろん、月収を50万円させるための手法は「これでもか」というくらい分かりやすく書いたつもりです。

ただ、それは単に「お金持ちになれ」と言っているわけではありません。

超ローリスクな不動産活用を通して、あなたと、あなたの大切な人の人生を守り、会社から、仕事から、将来の不安から、解放してあげてほしいのです。

一流の大学を卒業してなくても、一流の企業に勤めていなくても大丈夫です。

１００万円の貯金があればこの投資方法は、誰でもカンタンに実行することができます。特に取り柄もない私が７０００万円のマイナススタートからはじめて、成功することができたのです。

今、この本を手に取っているあなたなら必ず月収50万円生活を達成できるはずです。

この本と出合えたことを、ただの偶然とするのも、１つの運命とするのも、あなたの自由です。どうか、あなたの人生を自由にするために、本書を役立ててください。

目次

第1章　お金の不安と向き合う勇気を持つ

第2章　借金0円の「ギャップ×複利」不動産投資

第3章　ステップ1　物件をどう探す？

第4章　ステップ2　物件のどこを見る？

第5章　ステップ3　物件をどう買う？

第6章　ステップ4　物件をどう経営する？

第7章　ステップ5　物件をどう売る？

第8章　5つのステップ＋α　融資をどう考える？

装丁…安賀裕子（ｃｍＤ）
校正…川音いずみ

第1章

お金の不安と
向き合う勇気を持つ

人生の不安の2大原因は健康とお金

内閣府の「国民生活に関する世論調査」では、およそ7割の方が日常に不安を持っています。1-1のとおり、その不安内訳の上位5位まで見ていくと、健康への不安とともに、共通の「原因」が潜んでいることが分かります。その原因とは、お金です。

健康問題以外は、すべてお金が不安の原因です。不安第1位「老後の生活設計」も、第4位「今後の収入や資産」も、第5位「現在の収入や資産の見通し」も、すべてお金が原因です。要は、私たちの不安の主な原因とは、健康とお金なのです。

さてそのお金の不安ですが、かつては今ほど顕著ではありませんでした。1-2（平成28年度、「国民生活に関する世論調査」）でお分かりのとおり、今から30年前の昭和61年では、「老後の生活設計」は不安の第3位でしかなく、不安と回答した人の割合も、なんと現在の半分以下です。

● 1-1（不安のほとんどが「お金」）

日本人の不安の中身　上位5位
（平成28年度、内閣府「国民生活に関する世論調査」）

老後の生活設計	54
自分の健康	51.6
家族の健康	42.8
今後の収入や資産の見通し	39.5
現在の収入や資産	34.8

1位、4位、5位
ほとんどがお金の不安です

● 1-2（昔の人はお金の不安が少なかった？）

日本人の不安の内容比較

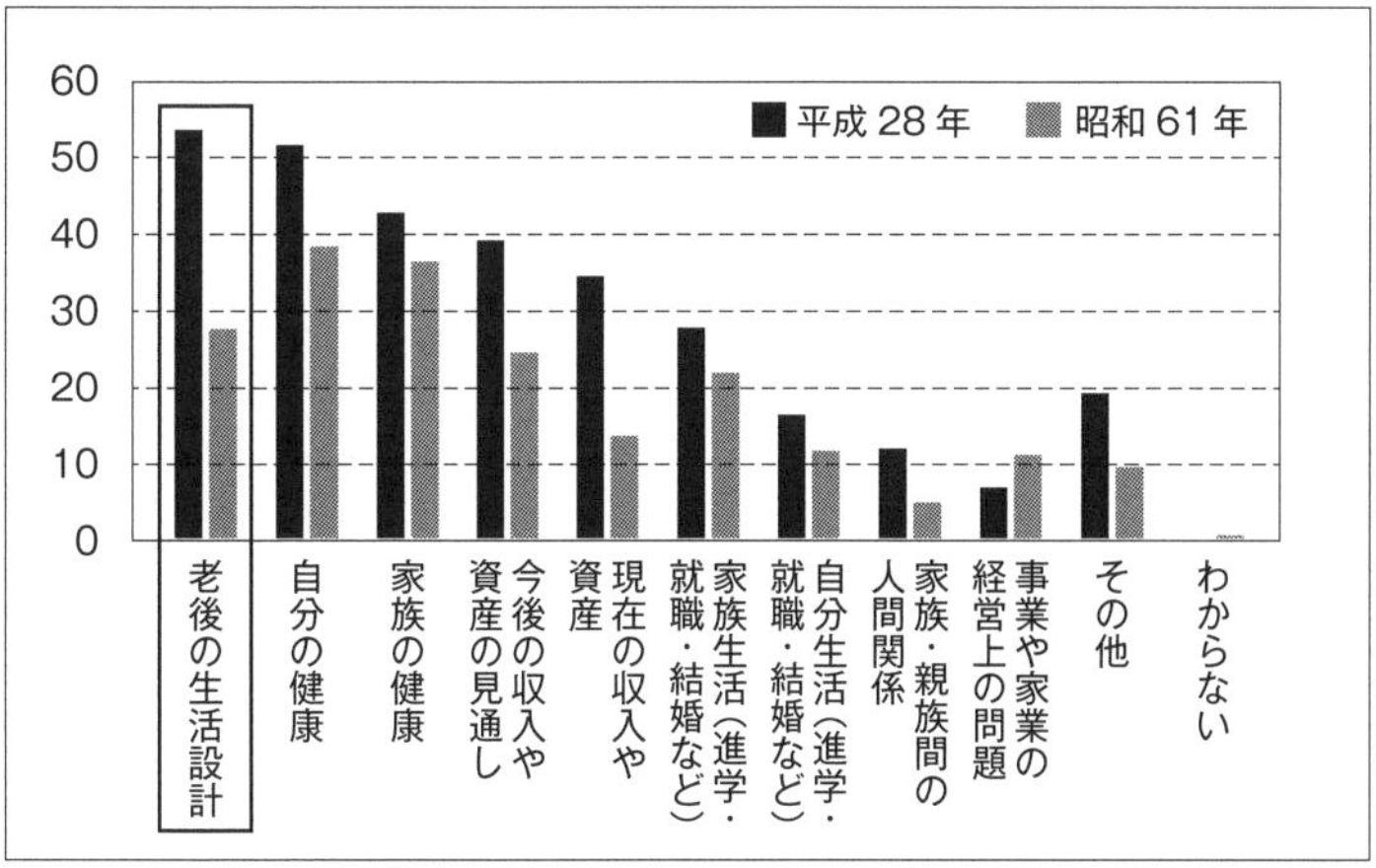

「今後の収入について」も不安を持つ人は現在より15％も少なく、「現在の収入に不安」を持つ人に至っては10％ちょっとしかいません。この傾向はオイルショック前後から基本一緒です。

つまり、昭和の時代は今よりずっとお金の不安がありませんでした。

なぜお金の不安がつきまとうようになったのか

なぜこれだけお金の不安に差があるのか。その理由はさまざまですが、月収＋50万円を目指す私たちが押さえておきたい理由は2つです。

①国が、私たちを守れなくなったから

平成28年度世論調査（公益財団法人生命保険文化センター「生活保障に関する調査」）では、政府への要望でもっとも多かったのは「医療・年金等の社会保障の整備」（64・4％）でした。

しかし、国に昭和時代のような手厚い保護を期待することは、難しいのが実態です。1・3（平成27年分、国税庁民間給与実態調査結果について）のとおり、2050年の日本では1・

● **1-3**（2050 年は若者 1 人強でお年寄り 1 人を支える時代）

日本の人口割合の移り変わり

	1965 年	2012 年	2050 年
65 歳以上（高齢者人口）	618	3083	3768
20 ～ 64 歳（生産人口）	5608	7415	4643
20 歳未満（未成年人口）	3602	2252	1297
65 歳以上 1 人に対する生産人口	9.1	2.4	**1.2**

2人の働く人で、1人のお年寄りを支える仕組みとなり、まるで「肩車」です。この負担に耐えられるだけの重税を働く人にかけることは不可能です。

たとえば、消費税を10％に上げると計算上10兆円の税収増ですが、毎年1兆円の社会福祉費が増え続ける中では、「焼け石に水」です。

次に、そもそも日本が財政破たんしそうだからです。

内閣府は、黒字化をめざす2020年度の国と地方の基礎的財政収支（プライマリーバランス）は、逆に8・3兆円の赤字となる見通しを示しました。2016年7月の試算より赤字が2・8兆円膨らむショッキングな見通しです（2017年1月25日、内閣府経済財政諮問会議での財政試算）。

要は、2020年になっても、黒字になるのは厳しいということです。

国際通貨基金IMFは、すでに2011年の段階で国地方合わせた額が当時1000兆円を突破した日本の債務を「持続不能な水準」と警告しています（時事通信、11月24日付）。

「対外資産や埋蔵金（資産化していない資産）がいっぱいある」

「経常黒字だ」

「国債の半分以上は日銀が持っているから実質政府が持っているようなもの」

などと日本財政「破たんしない論」はありますが、このままの財政バランスでよいという人はいません。つまり、**たとえ破たんしなくても、財政的にこれまでの福祉、年金はムリ**なのです。

②会社が、私たちを守れなくなったから

いい学校を出て、いい会社に入ることが人生の成功法則というのは、昭和の昔話です。この「昭和の成功法則」の前提にあった「年功序列」「終身雇用」という、個性的な日本の働く仕組みは、いまや失われる一方です。

国税庁によると、平成27年の働く人1人当たりの給与平均額は年収420万円あまりです。「終身雇用」と「年功序列」が生きていた昭和の時代なら、定年まで安心して会社勤めで終えられたでしょう。

しかし、平成の今、「いい会社に勤めていれば安泰」なんて、もはや思い出話です。まず、終身雇用制度は、意識的に壊されています。今までの「人員整理型」でない、意図的な希望退職が始まっています。

一眼レフカメラ大手のニコンは、2016年は訪日外国人の爆買いの恩恵を受け、業績は200億円を超える純利益をあげていましたが、翌2017年に希望退職者募集を実施することとなりました。結果は、国内社員の1割に当たる1143人が応募となったとのことです（朝日新聞デジタル2017年2月13日付）。これは、事業不振からやむを得ず行う消極的な人員整理ではなく、将来のビジネス展開を見据えた積極的な人員整理です。つまり、会社の業績が良くても退職が進められる時代なのです。

また、年功序列も、次々に機能を止めています。

次ページ1‐4でお分かりのとおり、1人当たりの平均給与はこの10年、年収420万

● **1-4**（現在の平均年収は 420 万円を行ったり来たり）

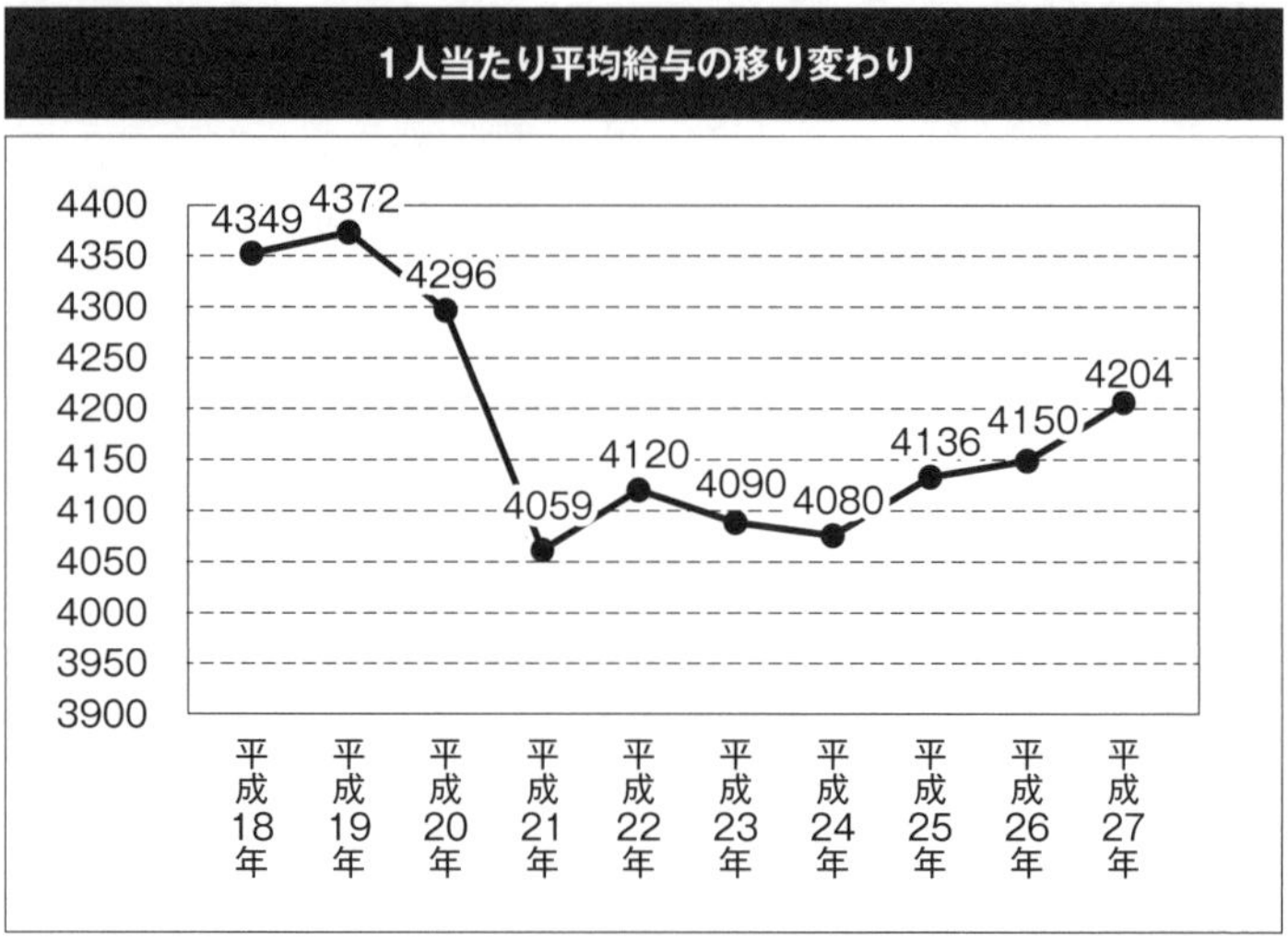

円を行ったり来たりです。つまり、年数がたっても給与は上がっていないのです。

ソニーは２０１５年から人事制度を変え、給与での年功序列という観点を外しました。この新人事制度により、社員のおよそ6割以上が減収の可能性があり、最終的に月収で最大13万円、年収にして同１５０万~１６０万円減るケースもある、とされています（日経ビジネス、２０１５年4月20日号）。

終身雇用も、年功序列も、業績が悪いときはもちろん、**よいときですら捨てられる時代**なのです。

あなたの貯金は実質減っていきます

このように残念ながら国や会社は、私たちを守れない時代です。では私たちはどうやって不安を解決すればよいのでしょうか。私たち日本人が出した答えは、「貯蓄と資産形成を頑張る」です。

国民生活に関する世論調査の「今後の生活で何に力点を置くか」という質問に、「資産、貯蓄」と回答する割合の推移が次ページ1 - 5に示されています。一見して分かるとおり、ほぼ一貫して増え続け、平成26年には過去最高となっています。

この問いにある「資産、貯蓄」どちらに力点を置くかが、私たちの人生の分岐点です。月収＋50万円を目指す私たちは、後者の「資産」を選ぶのです。

貯蓄に将来不安を任せるという選択は、真面目さゆえの誤りです。私は、子どもの頃から、戦後まもなく生まれた父に、「無駄遣いしないで将来のために貯金しなさい」といつ

● **1-5**（資産と貯蓄のどちらに力点を置くかが人生の分岐点）

今後の生活の力点の推移（貯蓄・資産）

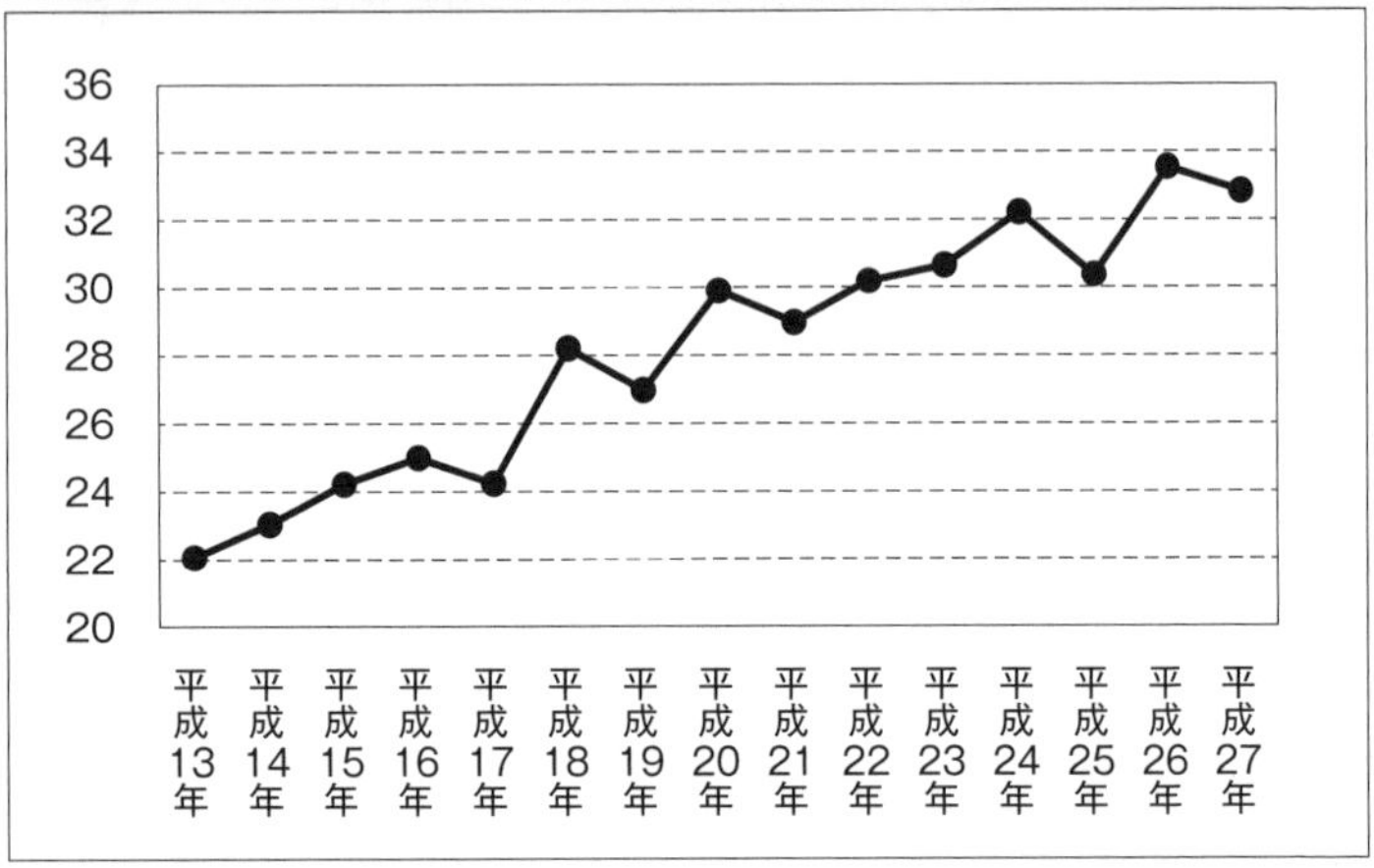

も言われて育ちました。私の父は、正しかったのです、昭和の時代なら。

高度成長期からバブル期まで、6〜8%もの利息が複利で付く元本保証の金融商品が、ご近所の郵便局にゴロゴロしていました。老後へと貯めていた500万円が10年前後で1000万円になったのが、昭和という時代です。

現在、このような昭和の教えに真面目に従ってせっせと貯金に励んでも、私たちの貯金は減る一方です。増えないのではありません。減るのです。

私たちの**貯金を減らす正体は、インフレ**です。景気回復のため、政府、日

● **1-6**（インフレが続くと貯金の価値は下がっていく）

インフレ2%下での名目預金残高と実質価値

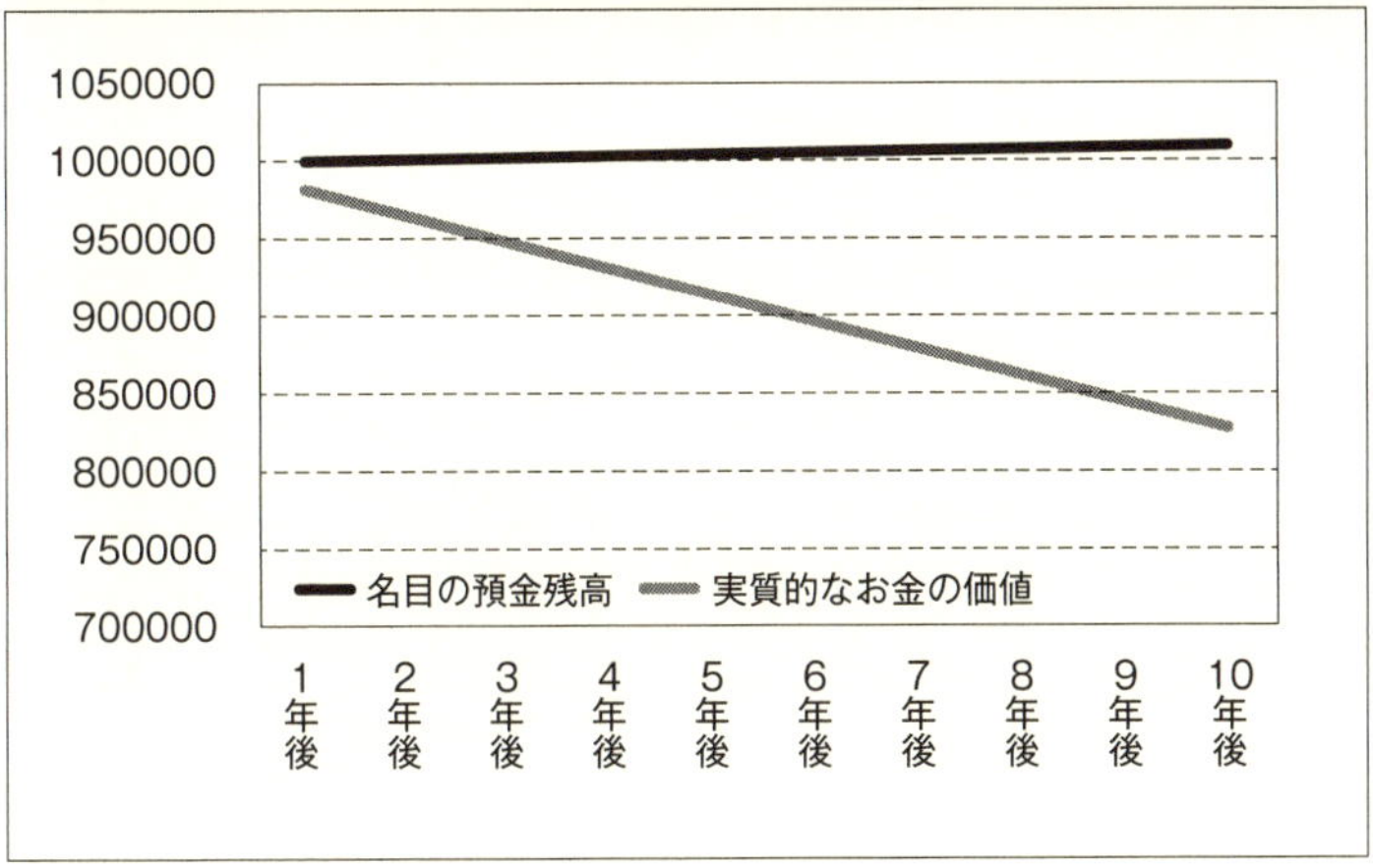

銀は「異次元の力」で2%のインフレを達成しようと必死です。

もし、インフレ2%のもと、私たちが年利0・1%、1年複利で貯金をした場合のシミュレーションが1‐6です。

10年後の貯金残高は101万円を超えますが、実質的には現在の80万円程度の価値しかなくなっています。貯金に励んでも、老後などの「今と未来のお金問題」は解決するどころか、一層不安になるのが平成のリアルなのです。

いくら貯めたらお金の不安は消えるのか？

ところで、よく聞く老後資金に必要な額は３０００万円という数字だと思います。この数字はどうやら、平成16年度に公益財団法人生命保険文化センターが行った「ゆとりある老後生活費」というアンケート調査の結果得られた月37・９万円という数字と、国がモデル世帯として考えた老夫婦の年金受取額月23万円という数字を試算して３０００万円となったそうです。

しかし、定年前に３０００万円を貯められる人はどれだけいるでしょうか？　実際、金融広報中央委員会の調べでは、預貯金や証券などの金融資産で３０００万円以上持っている「老後の準備クリア50代」は、全体のわずか10・５％です。

つまり、90％の50代は準備不足を退職金で補えるように期待して定年を迎えているのが現実です。さらに、60代で３０００万円以上の金融資産をもっているのが15・９％に過ぎません（金融広報中央委員会「家計の金融行動に関する世論調査［二人以上世帯調査］」平成28年）。

結論から言うと、日本人の老後はほとんど準備不足です。

悲しい現実ですね、とまとめる前に、一歩踏み込んで考えてみましょう。これらの発想には、実は隠れた大前提があります。それは、「お年寄りは稼げない」という、一見常識的な事実です。この「老後○千万円論」は、お年寄りは稼げないので、冬眠前のクマのように食いだめして蓄えておきなさい、という発想です。

私たちが40年、就職したときから退職のためにお金を貯め、上位1割の「老後3000万円」を達成したとしても、それで得られるものは蓄えを切り崩して月収25万円を維持する老後です。これが「理想の老後」なのでしょうか。

冷たい事実ですが、もしあなたが35歳で25年後までに3000万円貯蓄を成功させたとしても、インフレが2％続いていれば、その3000万円は現在の1800万円の価値しかありません。ではもっと貯金しておかなくてはいけないのでしょうか。これでは「インフレVS貯蓄」のラットレースです。

つまり、貯蓄に励み3000万円築いても、それを切り崩す生活ではあなたと大切な人の老後は守れないということです。ではどうすればよいのでしょうか？「お年寄り」が稼げないなら、「別のモノ」に稼いでもらえばよいのです

お金を稼ぐ方法は2つしかない

プロローグで明らかにしたように、お金を稼ぐ方法は大きく2つしかありません。1つは自分で稼ぐ方法（給与所得、退職所得など）、もう1つは、資産の力で稼ぐ方法（利子・配当・不動産所得など）でしたね。

先ほど述べた「老後資金3000万円論」は、「お年寄りは稼げない↓だから、貯めておいてね」という大前提をもとに提案されています。しかし、これでは兵糧を蓄え、食いつないで死ぬまで生きる籠城戦状態であり、理想の老後かどうかは疑問です。

では、どうするか？　自分が稼げないなら、資産に稼いでもらえばよいのです。国も、会社も、貯金も守れないなら、資産に守ってもらえばよいのです。

● 1-7（お金持ちほどお金を貯めない？）

年収層別　金融資産割合の比較

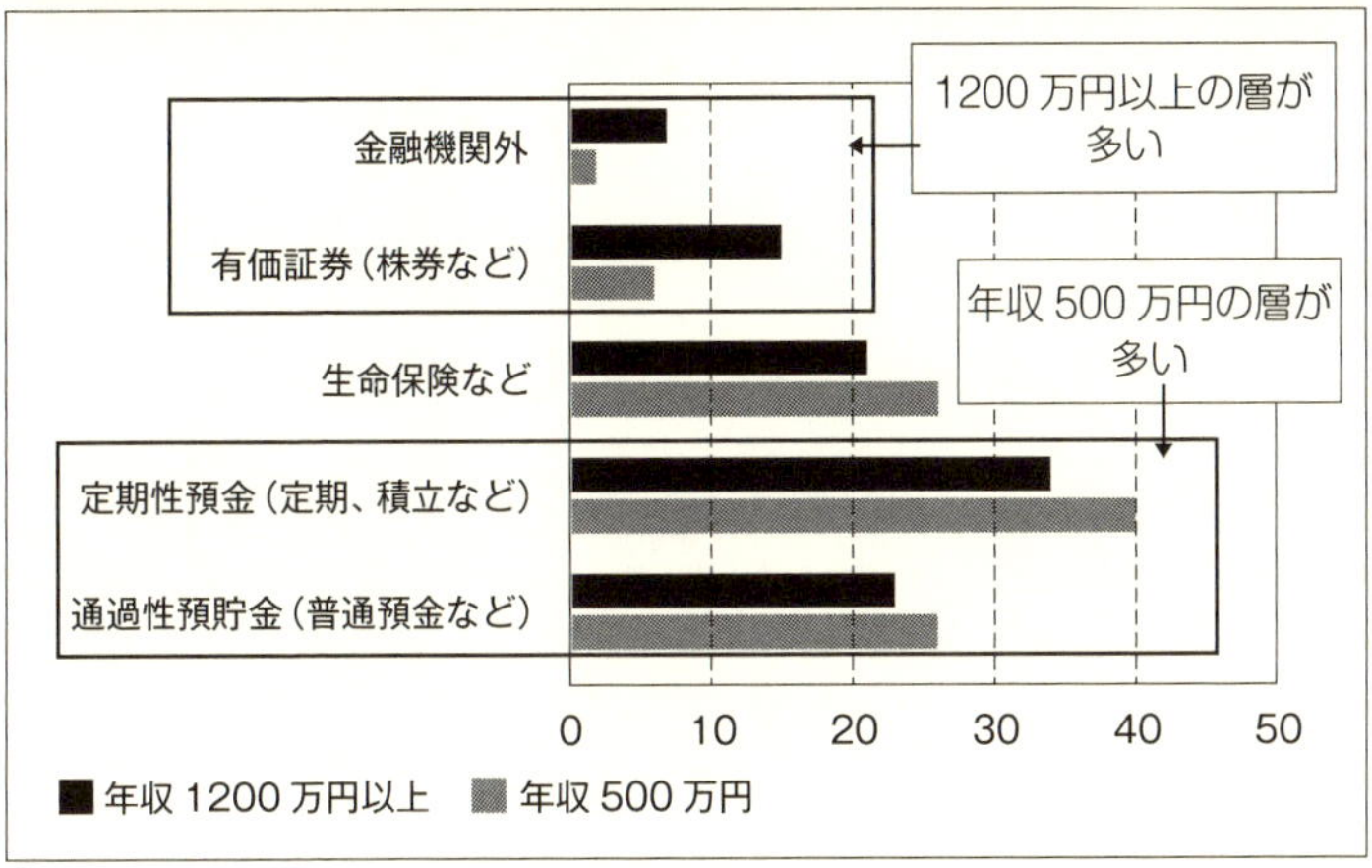

お金を働いて稼ぐ時代ではなく、お金に働いてもらう時代なのです。

私たちがせっせと働いている間、資産に働いてもらっているのが資産家です。1-7のとおり、総務省「家計調査報告」（平成27年度）のデータをもとに、年収500万円の層と年収1200万円以上の層の金融資産の割合を比べてみると、明らかなことがあります。

それは、「貯蓄（預貯金）が少なく、投資（有価証券）や金融機関外（ファンドなど）が多い」ということです。

「金持ちは当たり前だろう」と感じ

るかもしれませんが、注目すべきなのは、お金持ちは金融資産の20％もリスク資産に投資しているという事実なのです。このリスク資産に投資する「投資思考」こそ、私たちの資産形成のキーなのです。これは8章で詳述します。

不動産での資産作りがカンタンな理由

先の項でお伝えしたように、私たちは資産に稼いでもらう必要があり、そのためには投資思考を身につけようとお話してきました。

株式投資、ＦＸ、ファンドなど、優れた投資がたくさんありますし、私も投資しています。しかし、私は人生を守る資産作りとしては、不動産を勧めます。それは、他の投資と比べ必要ないものが３つあるからです。

①能力が少なくていい

不動産投資で利益を上げることにもっとも重要なのは、立地、物件、家賃の３つです。

要は「いい場所で、快適で、家賃が安い」物件なら入居者はいるということはお分かりいただけると思います。

失礼ですが、ここにあなたの能力はほとんど関係ありません。**不動産投資は、物件の能力こそ重要**なのです。

②手間が少なくていい

不動産投資は高度に分業化されているため、売買も、管理も、修理も、入居者探しも、すべてプロがやってくれます。後述しますが、あなたがやるべきことは、信頼できるプロを見つけることだけです。

③胆力が少なくていい

不動産投資は他の投資と比べて日々の値動きがありません。この値動きが好きな方には、不動産は向きません。ギャンブル性はほとんどありません。本書での資産作りの目的は、世帯の方が、将来の安心を得るためにまず月収を＋50万円にする仕組み作りですので、値動きの激しい投資はお勧めしません。

毎日忙しく、また投資に慣れていない方でも安定して投資ができ、さらに特別な能力も必要ないという3点で、本書では不動産資産作りを勧めます。次章で述べますが、不動産投資にもリスクがあります。そのもっとも大きなリスクの1つである「借金リスク」を避け、限られた自己資金だけで不動産投資をすることをお話していきたいと思います。

まずは、100万円台で不動産を手に入れる

「いい学校を出て、いい会社に入れば幸せ」の、昭和の成功モデルは、もはや間違えた善意でしかありません。この昭和の成功モデルを支えていた、手厚い年金も、だれもが昇進し定年まで勤められた会社も、今はありません。元本保証で、放っておけば10年で倍になる貯金も今はなく、放っておけば貯金は逆に2割減る時代です。

この厳しい時代に、昭和の経験から導かれる「なるべく安定した会社に入りなさい」「まずは将来の為に貯金しておきなさい」などという教えは、もはや無用どころか有害です。

国、会社、貯金に代わって私たちを守る、自分の資産を手に入れるべきなのです。このお金を生む資産を手に入れるということは、労働者が資本家になる瞬間でもあるのです。

あなたが自分の人生で起こす、小さな革命なのです。

あなたが不動産を手に入れると、売買、管理、修理、仲介のプロと不動産経営をはじめることとなります。つまり、あなたが経営者になる瞬間でもあるのです。

あなたが手に入れた不動産事業は、あなたを決してリストラしませんし、定年退職もさせません。

あなたがお年寄りになっても、不動産経営者として、活躍の場が待っているのです。老後の話だけではありません。あなたの今の生活に月収＋50万円を手に入れることができれば、大切な家族との生活の安心、豊かさが変わります。あなたと、あなたの大切な人の人生を、資産に守らせるのです。

不動産投資における最大のリスクとは、借金が返せなくなるデフォルトリスクです。このデフォルトリスクが怖くて不動産投資に踏み出せない人はたくさんいます。

なら、どうするか？　カンタンな話です。**借金0円で不動産をはじめればよい**のです。

これが、不動産投資で最悪のデフォルトリスクを解決する最良の方法です。いよいよ次章から会社勤めのあなたが、借金0円で不動産投資をはじめる具体的な方法についてお話していきます。

苦労して貯めた老後資金を恐る恐る切り崩す老後と、毎月自分の資産からお金が入ってくる老後、どちらが幸せかは言うまでもありません。ぜひ、あなたには本書を読みすすめていただき、お金の自由をつかみとってほしいと思います。

結論①

1 国や会社が守りが手薄になり、お金の不安は昔より格段に高まった。会社は業績がよくてもリストラをするようになった。給料も頭打ちであり、「いい大学に入って、いい会社に入ればよい」という発想は危険。

2 インフレが進むと、貯金の実質額は減少する。たとえ老後に3000万円を貯めても、将来インフレが進んでいたら実質額は目減りする。老後の不安を解消するには、老後になってもお金が入るシステムを構築するしかない。

3 お金に働いてもらう感覚をつかむために、まずは100万円台で不動産を購入する。

column1

私、20万円の家に住んでました

情けない話ですが、このあと紹介する20万円の一戸建て、実は私がかつて住んでいました(笑)。18畳のリビングがある3LDKが、なんと20万円。

この家を買ったあと、物置がほしくてホームセンターに行ったのですが、物置が17万円。20万の家に17万円の物置って･･･結局、何か馬鹿らしくなって物置買うのやめました。

ちなみに同じ店で、犬小屋だって5万円しました。俺の家は、犬小屋4個分かよ！と思わずつっこみました。100万円台で家なんて買えるのかよ！とお思いの皆さん。買えますし、快適に住めましたよ！（実体験）

第2章

借金0円の
「ギャップ×複利」不動産投資

地方×格安物件こそターゲット

あなたと大切な人を資産で守るために不動産を勧めていますが、「自分にできるの?」という疑問があるかもしれません。私は男女や年齢に関係なく20人以上のサラリーマンの方を資産1億円にしてきましたが、面談した最初に感じるのも、相談者の「自分にもできるの?」という疑問や不安です。

もし、あなたの月収を600万円上げるとなると、金融機関との交渉や事業計画、さまざまなシミュレーションが必要です。しかし、月収+50万円はあなたの自己資金だけでできます。特別な能力はいりません。

最低限の条件とは、100万円台の自己資金です。あなたも、100万円台の自己資金があれば借金0円で不動産を手に入れることができます。その自己資金内で不動産を買うのです。

「どこにそんな安い不動産売っているの？」
「そんな安い不動産で月収＋50万円になるの？」

この疑問を解決するのが、「ギャップ×複利」で不動産を買うという、本書における核心戦略です。

不動産投資でもっとも怖いのは、借金が返せない「デフォルトリスク」です。借金0円は、不動産投資の最悪リスクを避ける最高の方法です。空室が埋まらない「空室リスク」だって、結局借金さえしていなかったら安全ですので、「借金0円不動産投資」はデフォルトリスク以外からも、あなたを守ります。

しかし、そもそも不動産は何千万、何億円とお金がかかるのが常識です。私たちが用意できる100万円台で買える不動産はどこにあるのでしょうか。

この問題の解決が、不動産への「アービトラージ＝ギャップへの投資」という考え方の活用です。アービトラージとは、同じ商品の価格差（ギャップ）を利用して儲ける方法です。主に、金融マーケットで使われる考えですが、これを不動産に応用するのです。不動産の価格は、ギャップに満ちています。なぜなら不動産は、価格のつけ方が複雑かつ主観的であり、いまだに地場でのアナログ取引が多いからです。

「ギャップへの投資」とは、要は、本当の価値より安く買い、本当の価値で貸し出すことです。このギャップへの投資ですが、経験ないあなたでもできる最良最高の舞台が、地方での不動産取得です。地方といっても広いのですが、まずは地元および地元周辺から探すことをお勧めします。その理由は3つです。

①アナログな物件情報が手に入る

最近では「楽待《らくまち》」など、さまざまな不動産投資サイトが生まれ、不動産の情報流通が充実してきていますが、地方にはこの流れから取り残された、「ガラパゴス都市」がたくさんあります。こうしたガラパゴス都市では、地元では老舗で有名でも、他の地域の人にはほとんど知られていない不動産会社があり、独自のサイトや自社店舗の張り紙で、びっくりするような格安物件情報が手に入るのです。

ここであなたは不安に思うかもしれません。地方は人口減少が進んでいることでしょう。マネー雑誌やネットでは、これからの不動産購入は、東京の人口増加の区でやりなさい、などといわれています。それなのに、地方都市でやるのは、時代に逆行する「逆張り状態」に見えますが、あなたには2つの点で地方投資を勧めます。

1点目は、実現性です。確かに、東京都の人口増加見込みの地域で不動産を買うのは一案ですが、借金0円で不動産を都内に持つことはムリです。

2点目に、東京都で不動産を持つことは、厳しい競争に飛び込むことでもあります。不動産調査会社のタス（東京・中央区）が2016年5月31日、発表した統計によると、3月の東京23区の空室率は33・68％を記録しています（日本経済新聞2016年6月1日付）。

つまり、都心は3分の1が空室か空き家なのです。地方では、これよりましな市町村は、いっぱいあります。次ページ2‐1は総務省の調査結果（平成25年住宅・土地統計調査）ですが、たとえば、**山形県での空室率は東京都より低い**のです。物件の探し方は第3章で述べますが、市区町村単位の空室率を調べていくと、東京都23区より空室率の低い市区町村を探すのに苦労しません。この原因は、需要と供給です。人気ある地域は物件がどんどん建つため、空室も多いのです。

● **2-1**（空室率の低さの１位はなんと宮城県）

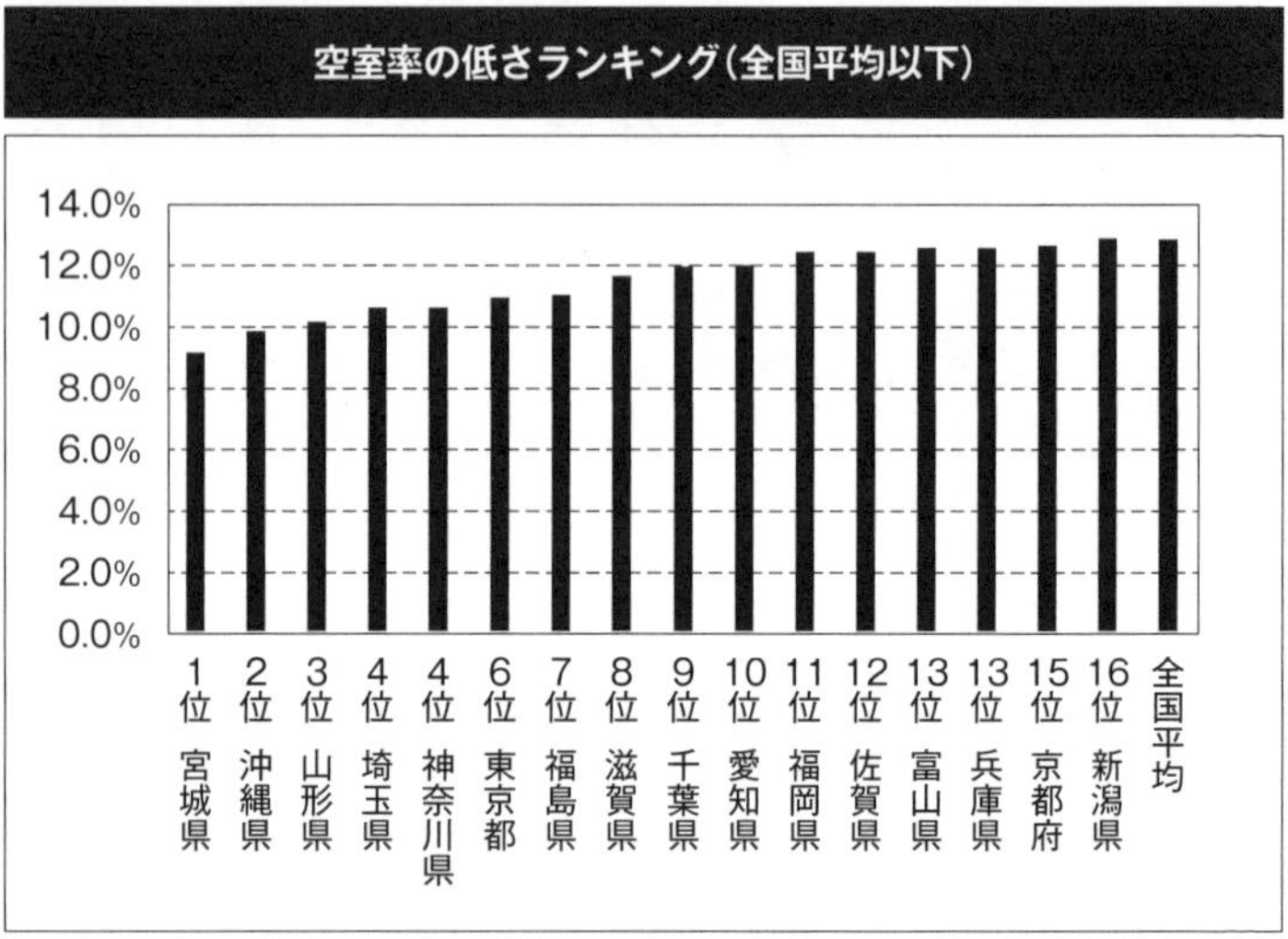

● **2-2**（約 20 万円で購入した家）

だから地方、できればあなたの地元で不動産を探すのです。地方には、100万円台はもちろん50万円、しまいにはタダという物件すらあるのです。

2-2の家は、私が20万円で購入した家です。借地の上に立っていて、解体費用がかかるからという理由で、こんな安値で売っていました。現在月3万円という破格で貸していますが、それでも利回り（年間の収入÷投資した金額）は180%です。

次ページ2-3にあるのはとある不動産サイトで検索した北海道の一戸建ての値段です。現在も、50万円から100万円台で買える不動産が転がっています。また次ページ2-4は、「空き家バンク」の一例です。この空き家バンクは、行政が主導する空き家を活用しようとする意欲的な取り組みですが、ギャップだらけです。これは売主の希望価格なので最初から100万円台の物件は少ないですが、後述する考え方で、この価格を安くすればよいのです。

②ピンポイントな賃貸情報が手に入る

地元であれば、ピンポイントの賃貸情報の取得が可能です。あなたや家族が生活者として過ごした街のことであれば、生活者として暮らした目線から、その街の賃貸ニーズが分

● **2-3**（中古一戸建ての値段がなんと 70 万円）

中古一戸建て	JR函館本線　　　　　　　　　　　徒歩3分		
	交通所在地		
	建築年（築年数）	1978年11月（築39年）	
	現況	空家	主要採光面　-

掲載物件への不動産会社コメント

▶ 駐車場有 地代14250円/月：更新料無 家庭菜園可能 （70万円/4LDK）

価格	間取り	土地面積 / 建物面積	画像	お気に入り	詳細
70万円	4LDK	310.97m² / 115.42m²	26枚	追加	詳細を見る

中古一戸建て	幌向南売家

● **2-4**（「空き家バンク」の値段は売り主の希望価格）

かるでしょう。

「○○市△町は、大手の機械メーカーの××工場があって人気がある」「□□市は、駅の南口は人気あるけど、北口はダメ」「○○町は、中心市の△市に通うのに以外と便利」

このようなニッチでピンポイントの賃貸情報は、地元でないと得られません。

このピンポイント情報は不動産投資において有用な武器になることが多いのです。

③人脈を使った不動産経営ができる

ピンポイント情報と、アナログな物件情報によって、格安の不動産を得たあなたにまず必要なのは、入居をコミットする管理会社です。管理会社がいれば、日常あなたが手を煩わせることはありません。さらに、不動産経営には売買・入居仲介・修繕といったプロが関わってきますが、このプロ集団にあなたの知り合いがいると、不動産経営の成功率が上がります。

不動産経営は、いまだにアナログです。

物件を買いたい人が複数いた場合、優先順位をつける売買担当者が知り合いだったら？

あなたの物件への入居希望者を案内する人が、あなたの知り合いだったら？

あなたの物件の修理の見積もりを書いてくれる人が知り合いだったら？

別に直接の知り合いでなくても構いません。学校が同じ出身だったりするだけで、話は盛り上がるもの。それだけで他のライバルに差をつけることができるのです。

「不動産複利投資」とは

あなたに月収＋50万円をもたらすもう1つの大きな戦略が**「複利」の考えを不動産に生かすこと**です。ご存知のとおり、複利とは、利子（利益）を、元金（元手）に組み込むことで、利益が利益を生む仕組みのことです。

不動産は、基本的に単利です。しかし、資産から得た利益を、次の物件購入の元手にすることで、資産が資産を生む仕組みを作るのです。

たとえば、２０１７年４月時点で、実際に１９５万円で販売されていた福岡県南区のとあるマンションを購入したとします。その収支イメージは２‐５のとおりです。これだけでは、月収約＋３万円でしかありません。しかし、この１号物件が生んだお金を複利のように、次の物件の元手に組み入れ、５年後２号物件を購入、さらにその５年後、１号、２号物件の利益を組み入れ、３号、４号とあなたの資産を増やすのです。

このように、資産が資産を生む仕組みを作るために、不動産に複利の考えを活用するのです。単純計算ですが、この考え方でいくと、次ページ２‐６のとおり（管理費、修繕積立金を計１万円と想定）、自己資金にムリすることなく資産は５年で倍になっていきます。15年後８戸月収25万円、20年後16戸月収50万円を得て、年金に頼らない、「老後でもお金を稼げる」新感覚の老後が手に入るのです。

一度しかない人生を、３０００万円貯めるた

●2-5（年間キャッシュ 35.5 万円）

1号物件の収支イメージ
（福岡県南区のとあるマンションを想定）

収入	家賃収入	4万2000
支出	管理費	5180
	修繕積立金	7280
収支	月間キャッシュ	2万9540
	年間キャッシュ	35万4480

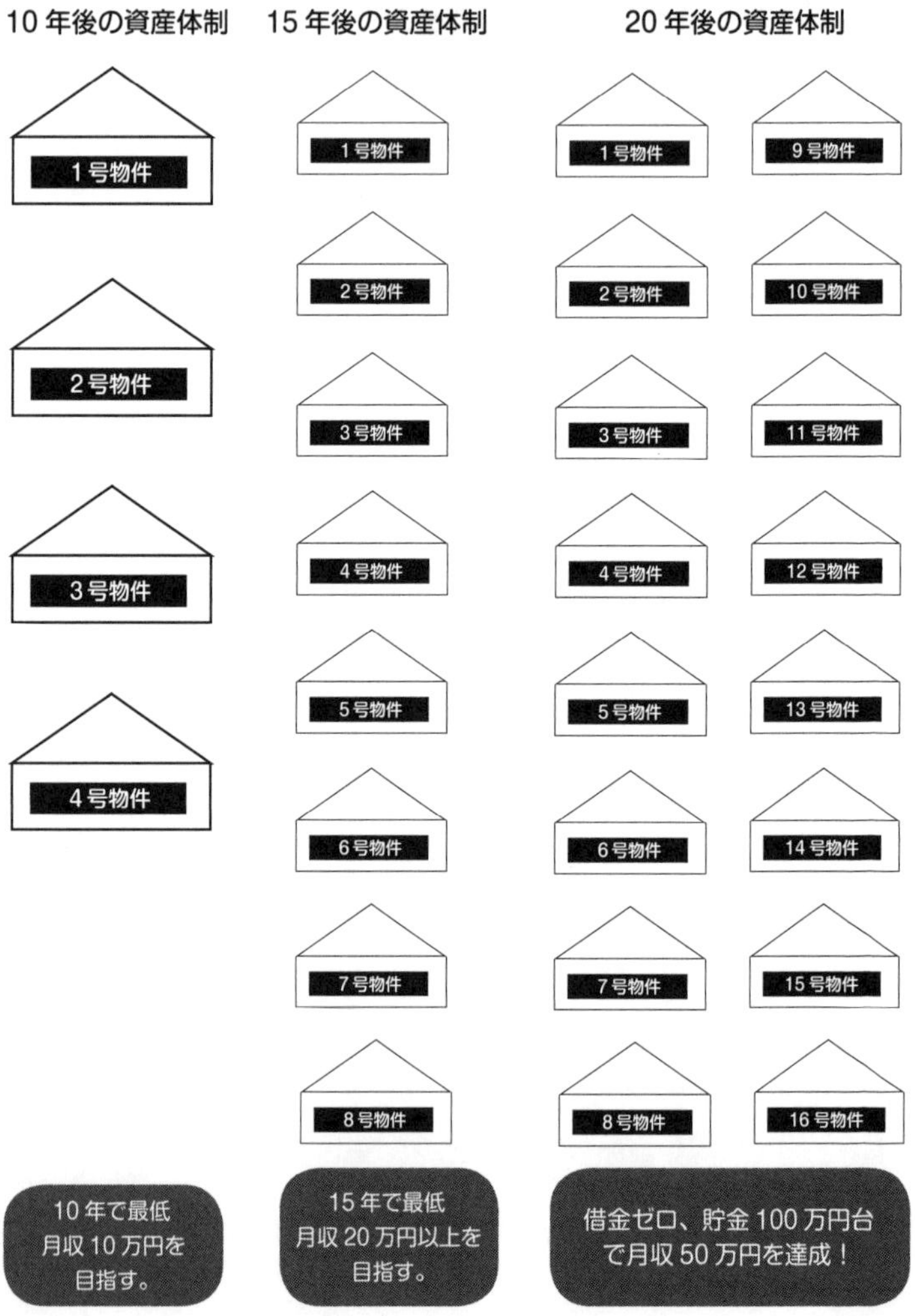
10年後の資産体制
1号物件
2号物件
3号物件
4号物件
10年で最低
月収10万円を
目指す。
15年後の資産体制
1号物件
2号物件
3号物件
4号物件
5号物件
6号物件
7号物件
8号物件
15年で最低
月収20万円以上を
目指す。
20年後の資産体制
1号物件
2号物件
3号物件
4号物件
5号物件
6号物件
7号物件
8号物件
9号物件
10号物件
11号物件
12号物件
13号物件
14号物件
15号物件
16号物件
借金ゼロ、貯金100万円台
で月収50万円を達成！

● 2-6（複利「不動産投資」のイメージ例）

はじめの一歩

1号物件収支イメージ		
収入	家賃収入	4万2000円
支出	管理費、修繕積立	1万円
収支	月間キャッシュ	3万2000円
	年間キャッシュ	38万4000円
	5年間キャッシュ	192万円

1号収益 再投資

5年後の資産体制

1号物件収支イメージ		
収入	家賃収入	4万2000円
支出	管理費、修繕積立	1万円
収支	月間キャッシュ	3万2000円
	年間キャッシュ	38万4000円
	5年間キャッシュ	192万円

2号物件収支イメージ		
収入	家賃収入	4万2000円
支出	管理費、修繕積立	1万円
収支	月間キャッシュ	3万2000円
	年間キャッシュ	38万4000円
	5年間キャッシュ	192万円

物件収益を5年ごとに再投資していくイメージ図

注1：これは、不動産の「複利運用」のイメージです。当然修繕や税金、物件価格や収支の増減がありますので、実際の月収を計算する場合のやり方は、第6章を見てください。**注2**：また、売却を加え、その利益を再投資すると月収50万円がさらに確実性を増します。物件状態に応じた売却を考えていくために、売却の相談ができる不動産会社やオーナー会の参加をお勧めします。

5年で不動産収入を
倍にすることを目指す。
以下、同様の要領で
物件収益を再投資していく。

めに使わなくてよいのです。今、100万円台～200万円の自己資金を、「不動産複利投資」に活用すれば、たくわえた財産を切り崩す「籠城型老後」ではなく、老後もお金を生む出す「生産型老後」が手に入るのです。

老後だけではありません。月収が＋50万円になれば、あなたと大切な人の人生が変わります。万一の給料カットも、子どもの大学進学も、この仕組みが助けてくれるのです。

投資リスクを減少させる最高の手段は安く買うこと

100万円台で、あなたを守る資産を買おう、そのためには地方、できればあなたの地元で不動産を買い、そこで得たお金を次の物件に回していく「複利」で物件を増やしましょうとお話ししました。

この投資の核心は、借金をしないことです。**借金さえなければ、不動産投資の最大のリスク「デフォルトリスク」から、解放される**こともお話ししました。

また、この「ギャップ×複利」不動産投資で、安く買うことにより、あなたに2つの武器が手に入ります。

1つ目の武器は、「価格弾力性＝価格を自由に決められる力」です。

普通の不動産投資では、借金を返さなくてはなりません。そうなると、おのずから借金を返せる家賃が、値下げの限界となります。一般的な不動産の常識では、家賃が20％下がったら返済までぎりぎりですので、これが家賃値下げの限界です。

しかし、借金していないあなたの物件は、理論上、家賃をいくらでも下げられるのです。私は、地方都市で30戸中26戸空室とか、20戸中19戸空室などの物件を次々再生していますが、家賃を1万9000円にしたら、どんなボロボロの物件でも満室になりました。家賃の値下げは競争に勝つ最後の武器ですが、最強の武器でもあるのです。

もう1つの武器ですが、格安不動産は家賃も安いため、今後の低所得者層のニーズをつかめる点です。私が執筆している楽待コラムの連載時に、「新築がどんどん立っている時代に古い物件で大丈夫なのか?」という質問を多く受けたことがあります。

確かに、100万円台の不動産は、新しい物件に比べて見劣りがします。特に戸建てで100万円台となると、必ず欠点があります。しかし、見劣りがしても、欠点があっても、あなたの物件はこれからのニーズなのです。

その理由とは、低価格家賃を求める「生活保護世帯」と「非正規雇用者」世帯の増加です。こうした、生活保護者の方、非正規雇用の方は、これからますます増えていきます。

生活保護者の人数は平成7年に88万人であったものが、平成26年には210万人を突破し、過去最高人数（厚生労働省調査結果）です。将来はさらに増加する見通しです。

そのうえ、生活保護を受けられる水準の収入世帯で、実際に生活保護を受けている割合（捕捉率）が、日本は他の先進国と比べて極端に低く、日本は生活保護基準に合う方のうち20％程度しか受けていないとされています（『生活保護「改革」ここが焦点だ！』生活保護問題対策全国会議、あけび書房、2011年）。捕捉率で単純計算すると、日本は今の5倍に生活保護者が増える余地があるのです。実際、人口8000万人余りのドイツですら、生活保護受給者は790万人を超えています（同書）。

つまり、ドイツは人口の10％弱は生活保護なのです。一方、日本は人口のたった1・7％しか、生活保護を受けていません。つまり、**日本の生活保護の方が増える可能性が高いのは、データで明らか**なのです。

非正規雇用の方も増え続けています。平成25年11月4日、「就業形態の多様化に関する総合実態調査（厚生労働省）」で、非正社員（非正規雇用）の割合が統計開始してからはじめて40％に達したことが分かりました。昭和59年の調査では、15％台だったのですから大変な増加です。

このように、生活保護者・非正規雇用の方々の住宅として、これからも安い家賃の物件ニーズはますます増え続けていくのです。

あなたが100万円台で手に入れる古びた物件は、限界ない価格競争力をもち、ニーズにも合ったシンデレラ物件なのです。

会社員でも、公務員でも、不動産投資ってできるの？

ここで、不動産投資をはじめたい方によく受ける3つの疑問へ答えていきます。

①資格面「法律的にどうなのよ？」

これについては、答えは明らかです。**「5棟10室基準」未満は、お許しが必要ありません。**独立家屋（貸家など）が5棟以上、それ以外の不動産では貸せる区画（部屋）が10室以上だと、自営業とし、兼職の承認をされなくてはいけないと、人事院の運用規則で明らかです（人事院規則14―8（営利企業の役員等との兼業）の運用について（昭和31年8月23日職職―599、人事院事務総長発、最終改正：平成26年9月30日職審―295））。つまり、これ未満の規模であれば、承認はいりません。ただし、家賃収入が500万円を超える場合は副業とみなされ、承認が必要になります。

さらに、会社勤めの方なら覚えておきたいことは、2016年末、政府が出した副業に関する方針です。『政府は「働き方改革」として正社員の副業や兼業を後押しする。（中略）

厚生労働省の「モデル就業規則」から副業・兼業禁止規定を年度内にもなくし「原則禁止」から「原則容認」に転換する』（日本経済新聞、2016年12月26日付）とあり、これから日本は原則、副業が認められる国になっていくのです。

②条件面「自己資金はいくらかかるの？」

この本でお勧めしているのは借金せず、自分の自己資金だけで格安の不動産を買おうということですので、最低100万円台の自己資金です。ただし、不動産を買う際の諸費用が必要ですので、おおむね**ほしいと思った物件の価格＋7％〜10％程度の資金が必要**です。

③能力面「素人なのにできるの？」

不動産の運用は、みんなプロがやってくれます。高度に役割分担されているのが不動産業です。売買、入退去やトラブル処理、家賃集めなどの管理、修理、入居募集の仲介、みんなプロがやります。このプロチームを束ねてくれるのが「管理会社」です。基本のあなたの仕事は、入居者の出入りやトラブル時に管理会社から電話が来たとき、対応することです。詳しくは第6章でお話しします。

月収＋50万円できる資産作りを、今はじめる2つの理由

１００万円台で不動産資産を、まさに今持つべき理由が２つあります。

１つ目は、団塊世代の資産処分です。今後団塊世代が70歳を迎える２０２０年前後から、私たちでも買える空き家の供給が増えるチャンスだからです。

総務省の平成25年住宅・土地統計調査によると、全国の空き家は８２０万戸を超え、空き家率も13・５％と過去最高を記録しました。全国で「家余り」が進行して、田舎ではタダでもらってほしいという空き家が点々と見られる有様です。人口減少と重なって、供給が多すぎるように見えますが、これは数字の「うわべ」だけ見た結論です。

２－７左図（総務省、平成26年空家実態調査）をご覧ください。確かに、空き家があるのは事実ですが、賃貸や売却など、活用したいと答えているのはたった11％です。９割は賃貸などでの活用はされません。約４割の空き家は所有者がたまに利用するためのものであ

● **2-7**（空き家は「有効活用されている」とは言いがたい）

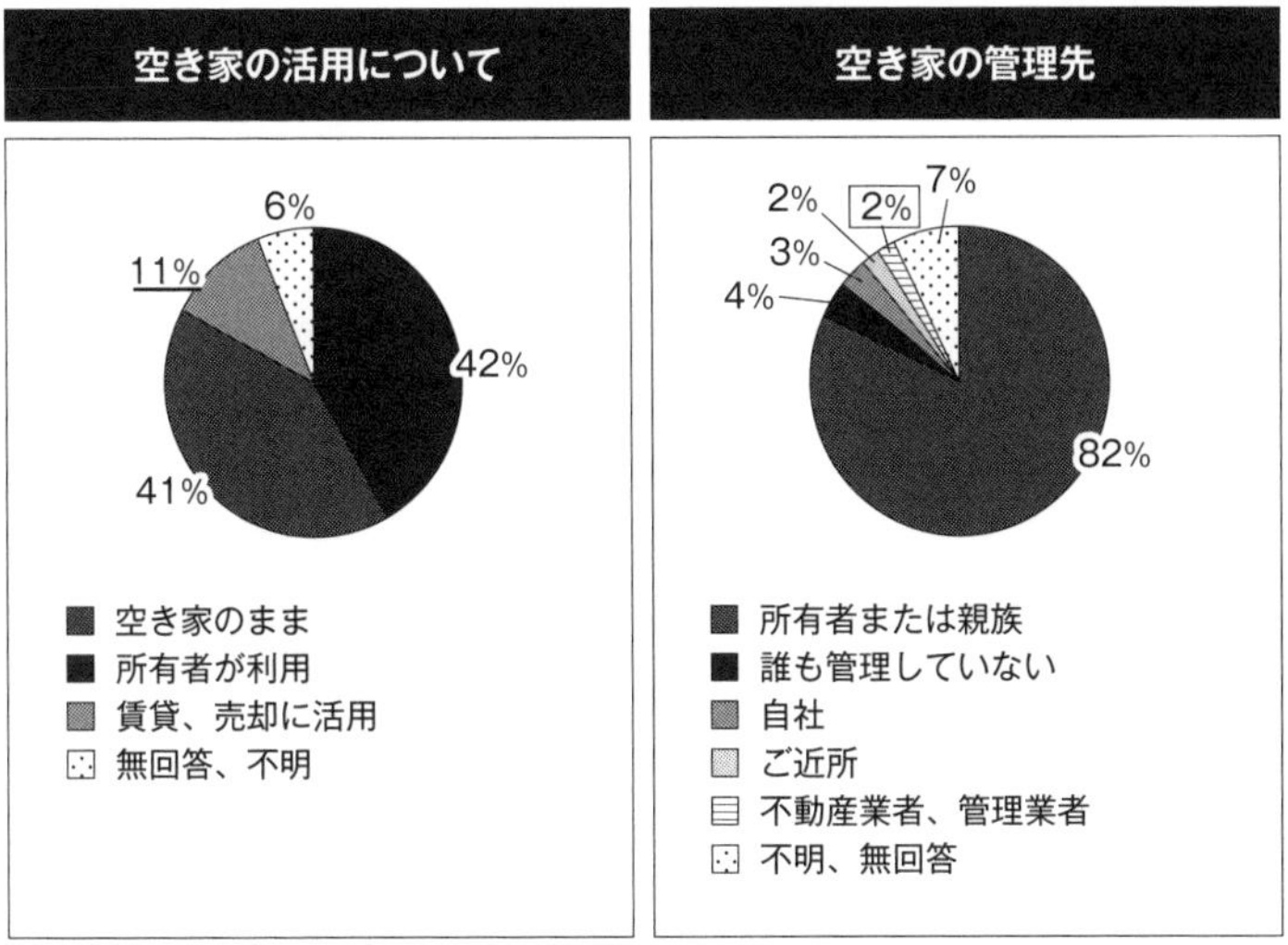

り、5割は物置や、とりあえず空き家のままになっている住宅でしかありません。

空き家が増えてきていますが、ほとんどは活用されず、ライバルにもならないのです。

そのうえ、2-7右図でご覧のとおり、不動産会社に管理を委託している人はたった2%しかいません。98%の人は、自分や親族など、素人に管理をお願いしているのが現実なのです。9割の空き家は資産としては活用する意向もなく、活用しようとしても、実際にプロに活用をお願いする人はたったの2%に過ぎないということです。

逆に言えば、98％の空き家は、活用される運命にないのです。これが、チャンスなのです。この、98％の活用されない空き家を格安で手に入れるのです。実際、空き家バンクという仕組みが自治体で取り組まれています。この全国の空き家バンクを見てみると、売却済、賃貸済の物件ばかりです。

つまり、空き家は適正にネットやプロに流通させれば、驚くような田舎でも資産活用できるのです。

結論②

1 「ギャップ×複利」不動産投資で月収をまず＋50万円にしよう。

2 地方、できればあなたの地元で資産を手に入れることで、大手にも手に入らない、アナログな物件の情報、ピンポイントな賃貸情報、そして信頼できるプロの人脈を活用しよう。

3 不動産の利益を次の不動産に組み込むことで、「資産が資産を生む仕組み」を作ることができる。

4 借金0円、自己資金で格安物件を買うことで、最恐の「デフォルトリスク」から解放されよう。安く買うことで価格競争力と、今後のニーズをつかんだ物件を手に入れよう。

5 会社員でも公務員でも、「5棟10室未満」なら承認はいらない。

6 活用されない空き家を格安で手に入れられるチャンスは、そこら辺に転がっている。

column2

みんなはじめは素人だった

2014年7月29日の日経新聞でも紹介された北海道の佐藤元春さん。報道時でも家賃収入6億円の「メガ大家」さんですが、学習塾講師時代に現金で買った150万円のマンションが、不動産投資の始まりだったそうです。

軽自動車なみの投資で、人生が変わる。

私も、不動産投資をはじめたときは貯金130万円しかありませんでした。この貯金で、不動産投資をはじめようとしたのですから、勇気だけはすごいですね！　100万円台で不動産投資をはじめるのは、予算的に余裕はありません。不動産会社にも、はじめは相手にされにくいかもしれません。

でも、大木の芽だって小さいのです。いつかでかくなればいいのです。私にもできる！　と信じましょう。130万円人間だって、できたのですから。

第3章

ステップ1
物件をどう探す？

ネットで不動産を探す（初級編）

はじめて不動産を買う場合、まずあなたは何を見て、何を電話すればよいのか、できる限りくわしくお話しします。

まず探すべきなのは、インターネットです。はじめて買う方にネットでの情報集めをお勧めする理由は3つです。

①物件を探しているだけで勉強になる

相場、利回り計算の考え方、物件の魅力など、「エア投資家」として投資のトレーニングにもなります。

②信用できる

ネットに物件を登録している会社は基本、そのネット掲載の契約時で審査を受け、そのネット運営会社より信用できると判断された会社です。つまり、信用できる不動産会社を

● **3-1**（第三者評価機関による評価ランキング）

投資用不動産情報サイトランキング （出典：2016年1月21日発表 モーニングスター株式会社　ゴメス・コンサルティング事業部）		
第１位	楽待（ファーストロジック）	得点　7.24
第２位	HOME' S不動産投資（ネクスト）	得点　6.29
第３位	ノムコム・プロ（野村不動産アーバンネット）	得点　5.82
第４位	東急リバブル投資用（東急リバブル）	得点　5.27
第５位	健美家（健美家）	得点　5.08
第６位	三井不動産リアルティ（三井不動産リアルティ）	得点　4.89
第７位	住友不動産販売（住友不動産販売）	得点　4.59
第８位	不動産投資連合隊（ラルズネット）	得点　4.15

探す必要がなくなります。

③初心者大家に慣れている

残念ですが、不動産売買の世界では、私たちを上得意様とは見てくれません。しかし、ネットに掲載しているような不動産業者は、比較的サラリーマンや個人事業家に慣れてるため、問い合わせにも親切である場合が多いです。

3-1をご覧ください。ここで、第三者評価機関モーニングスター株式会社 ゴメス・コンサルティング事業部による「投資用不動産情報サイトランキング」（http://www.gomez.co.jp/ranking/realestate_investment/、

2016年1月21日）をまずはご紹介しましょう。各サイトの評価は同ホームページに詳しいですが、その中でも私がほぼ毎日チェックしているサイトを3つ紹介します。

①楽待《らくまち》（http://www.rakumachi.jp/）

・物件数日本最大です。地方物件も充実しているので、本書の投資法には最適です。

・「会員情報」に収入や自己資金、希望の物件タイプを登録しておくと、不動産業者の方から希望に近い物件を連絡してくれます。

・同じように、「大家さんの味方」に登録しておくと、リフォーム業者から複数の見積もりを取ることができます。さらに、楽待新聞で不動産経営のテクニックやノウハウを楽待側から伝えてくれます。大家になっても役に立つサイトです。

②健美家《けんびや》（https://www.kenbiya.com/）

・「新着の収益物件」「健美家独自のお勧め収益物件」など、投資家が知りたいと思うコンテンツがトップページにまとまっていて探しやすいです。

・不動産投資ブログも、サラリーマン大家さんか専業大家かで分かれており、自分の投資家としての立場にあったブログを探しやすくなってます。不動産投資家に魅力的なブログやコラム、さらにはコラムニストたちとの交流会など、投資家同士の情報交流の場が充実。物件探し・情報探しやすさに優れているサイトです。

③不動産投資連合隊（http://www.rals.co.jp/invest/）

・地方都市にも独立した系列不動産サイトを立ち上げている関係か、地方都市の物件量が充実しています。ここにしか掲載されない物件もあり、**地方で物件探しを進める人にはとてもお勧め**です。

これらネット検索のメリットは、探しやすさ、業者との出会いの場の確保、勉強になる点で利点があります。一方、すでに流通に出ている物件ですので、よい物件は競争が激しいです。では、実際にどのように探すか、実際の画面で話します。

まず楽待ホームページ（次ページ3‐2）に進み、物件種別（1棟マンション、1棟アパート、戸建賃貸、区分所有（マンションなど）、物件購入を希望する都道府県、自己資金（ここでは300万円以下）を入力。すると、次ページ3‐3のように検索例が示されます。この中から希望物件をチェックし、まとめてお問い合わせを押すだけです。

● 3-2（楽待トップ画面。条件を選択して「検索」する）

● 3-3（検索後の画面）

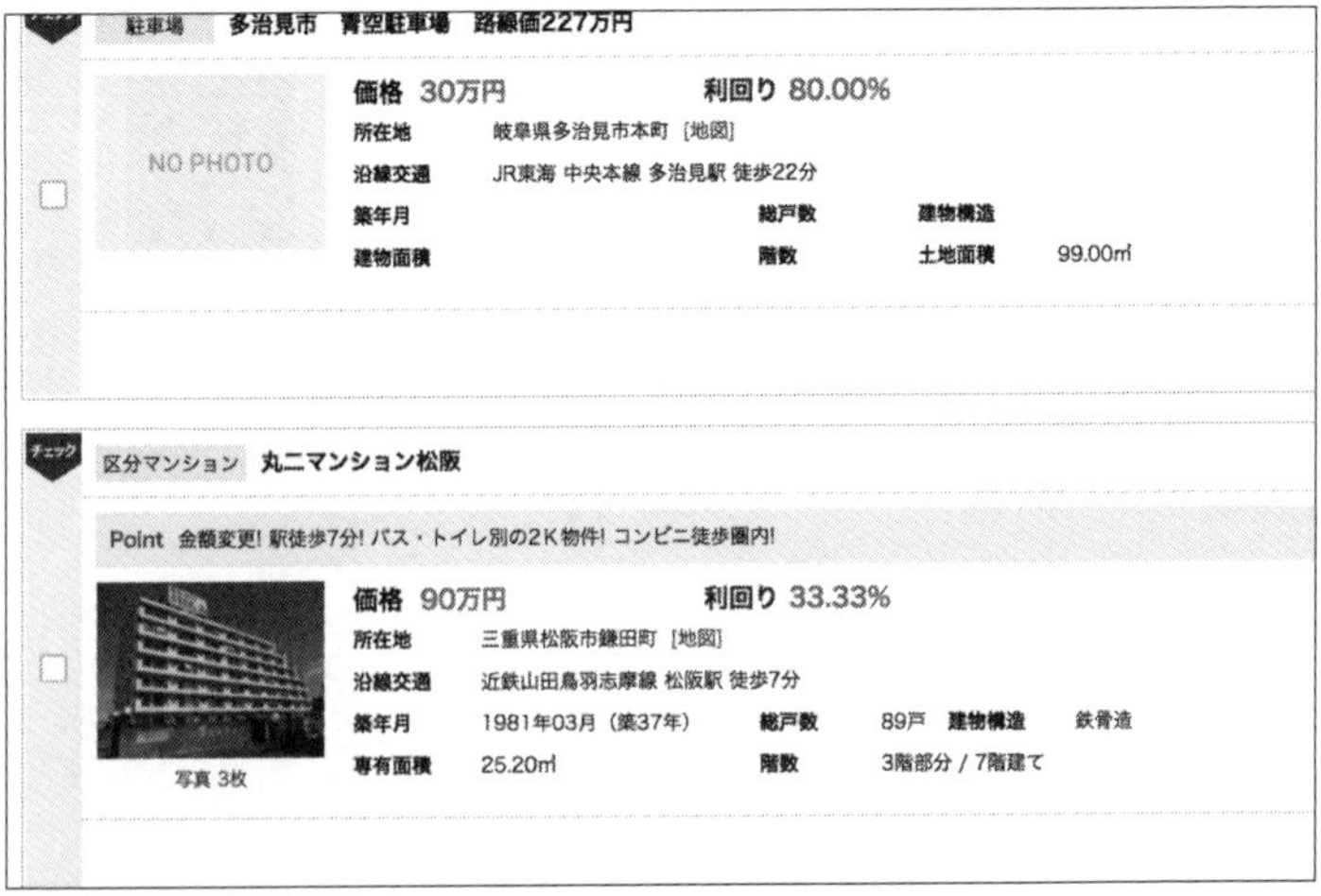

穴場不動産屋で探す（中級編）

物件探しの難しさと、希少物件との出会いの確率は比例します。あなたが探しやすい物件はライバルも探しやすいのです。この真理をひっくり返せるのが、あなたの地元の不動産業者への問い合わせです。比較的カンタンに探せ、かつライバルが少ないというブルーオーシャンがあなたの地元不動産業者なのです。

帰省のついでに、外にベタベタ張り紙（マイソク＝物件概要のこと、物件の間取りや外見写真などが書いているＡ４程度の紙）を張った不動産会社を見つけたなら、それは「穴場業者」かも知れません（３-４）。

● 3-4（マイソクはお宝の山？）

穴場業者とは、いまだにネットに広告を出さず、古くからの人脈で物件を売買している業者です。こうした業者は人脈に恵まれているため、物件の情報を持っている反面、その情報をネットなどに乗せていない場合があります。

特に、アパマンショップなどの大手フランチャイズ業者がいない町は、いまだに昔ながらの不動産業者が、張り紙で売買物件を扱っているだけなので、他の町に情報が流通していない場合があります。

こうした場合、ネットでの情報より格段によい物件が安く売られていたりするのです。ただし、なぜ中級編かというと、このようにかたくなに昭和時代の不動産スタイルを貫いている業者は、私たちのような若葉マークの不動産投資家に慣れていません。私の苦い話ですが、不動案投資をやろうと思って、思い切って初の不動産会社に電話したときのことです。

「あの…すみません。広之内と申しますが、なるべく安いアパートや不動産をさがしているんですが…」

と恐る恐るたずねると間髪入れず、業者はこう返しました。

「で、あんた、1000万円持ってんの?」

撃沈。コラムで言ったとおり当時は、130万円しか持っていませんでした! 圧倒的リアルに直面させられました。

しかし、周囲の複数の不動産業者に聞き取りしてみると、現在は格安物件投資もある程度理解され、いきなり電話しても「あんた1000万円あるの?」と初心者いじめ? はせず、対応してくれるそうです。ただし、**不動産業者には、100万円台の物件を真剣に探していると伝えることが重要**です。

不動産業界は、2017年現在は圧倒的な「ブツ不足（売るものがない）」状態です。100万円台の不動産は、ネットに掲載する前に、「飛ぶように」「右から左に」（いずれも業者談）売れてしまいます。

「100万円台の物件をください」という意思を事前に伝えておく「予約」も、無意味とまでは言えなくても、あまり期待はできないでしょう。

では、不動産業者との絆を生むために、不動産業者に伝えるべき5つのポイントをお話しします。

＊＊＊＊＊＊＊＊＊＊＊＊＊＊＊＊＊＊＊＊＊＊＊＊＊

購入時、不動産会社に伝える5つのポイント

①資金づけ

自己資金が準備済であること。すぐ買える方が１００％優先される世界です。融資を使わないので、ここは問題ありません。

②属性

あなたの信用を図る情報（勤務先や勤続年数、あれば投資経験）は基本的に重要ですが、自己資金で買う場合はそれほど関係ありません。

③真剣さ

これはコンサルティング時に私も重視する点です。「腰」が据わっている方でないと、不動産は買えません。

はじめての不動産であれば不安なのは当然ですが、「何かあったらあなたが責任取ってくれるのか？」みたいな話や「絶対リスクないですか？」という**責任のがれをする方には、絶対に不動産を紹介しません**。経験上、後々でトラブルになるのが明らかだからです。仲介業務はストレスの多い仕事です。

まず売主対応が疲れます。不動産の売主からは、毎週毎週「まだ、売れないのか！」と催促の矢が飛んできます。〝売らせていただく〟物件を掘り出すためにも、特に地元業者はアナログな営業をしています。ときには登記簿をとり、現地に車を飛ばし、めぼしい方に「そろそろ売りませんか？」などと何か月も営業しても売らせてはもらえません。

そのうえ、買主からクレームが来て対応に追われるようでは、病気になります。まずこの仲介業者の苦労を分かったうえで、

「物件を買っても、自己責任なのは十分承知している」
「ぜひ、家族の幸せの為にも不動産が必要だ」
「すぐ対応するのでいつでも携帯に電話（メール）してほしい」

と伝えましょう。

こんな意欲を持つ方が、あなたのライバルなのです。お忙しい中と思います。しかし、年金・雇用の不安から人生を解放する資産を手に入れる努力で、あなたの「腰」は固まるはずです。数十人待っている当たりくじを、あなたに当てるかどうかを決めるのは、その業者さんなのだ、ということを忘れないでください。

④具体性

不動産に関わる人が嫌いな言葉をコンクールしたら、優勝候補がこれではないでしょうか。

「いい物件あったらください」

この言葉、だめです。業者の「分かりました」の笑顔の裏で、「ふっざけんじゃねえ！」という怒りの炎が、あなたと業者の赤い糸を焼き尽くします。無論、この言葉に悪意は0です。買主としては本音でしょう。しかし、前述のとおり、不動産業者は大変な努力で売り物件をつかんでいます。こんな軽い気持ちで、ましてや100万円台の不動産という「業者が自分で買ってもいい」不動産を譲ってもらえるためには、あなたが真剣に考えている姿勢を見せなくてはなりません。

そのためには具体性です。**○○市から△△市までの県南で100万円台の物件が出たらすぐ教えてほしい**、などと伝えるべきです。

もう1つ具体的に示すべきなのはあなたの行動力です。「買わなくても現地まで来てくださった方には誠意を感じる」と業者はいいます。せっかく教えてあげたのに、ごちゃごちゃいった挙句何もしない人間との違いを具体的に見せましょう。

⑤将来性

不動産売買の仲介料で、仲介業者は生きています。将来的にいいお客様になってくれそうな方は優先されます。

「将来的に少しずつ物件を増やしていくつもりです」

「知人に投資仲間がいるので紹介します」

「この物件を売る際にもぜひお付き合いください」
「（複数持ったら）別物件も売る際はぜひお世話になります」
このような一言は、ネットでの不動産会社への問い合わせにも、添えると大変効果的です。

＊＊＊＊＊＊＊＊＊＊＊＊＊＊＊＊＊＊＊＊＊＊＊

以上が、業者との絆を作る5つのポイントです。このポイントを実践したうえで、あなたにあれば切り札となるのが「紹介」です。

あなたの地元であれば、たどれる人脈があるはずです。同級生、その親、知人、先輩後輩で、不動産と関係ある方はいませんか？　紹介まで無くても、先のとおり「実は○○高校の出身で…」という雑談ができるだけで、不動産業者の方の第一印象もやわらぐものです。

不動産会社でなくても、あなたの親しい人が、地元信金や建設会社など、不動産業者とつながりがある業者だった場合、紹介が生きることがあります。私も20万円の家を購入した際、高校時代の同級生が売主の会社の親会社の管理職だった関係で「○○さんと同級生ならしょうがねえなぁ～」と売却に応じてくださったことがありました。

では、紹介者がいない場合はどうすればよいのでしょうか。方法は1つあります。その地域の不動産投資家仲間がないか探すのです。

私が世話人を務める「サラリーマン1億円倶楽部」は、年収1000万円以下の方限定で、不動産投資の基本から実際の購入、資金付け、経営や売却までアドバイスしていますが、他にもこのような団体を作っている先輩大家はたくさんいます。

楽待や健美家のコラムニストで探してみると、結構な割合で仲間を作っていますので、コラムを読んで気に入った方がいたら読者登録しておくと、意外と気軽に仲間に入れます。

「空き家バンク」で探す（上級編）

地元などで、人脈や土地勘を生かした投資を進める究極が、「行政」から物件情報を得る方法です。行政こそ、もっともギャップが貯めこまれる情報のストレージです。

情報がたまっていくのは、行政が怠けているからでは決してありません。そもそも行政は不動産業者ではありませんし、本務が多忙かつ緊急対応があるため、たとえ担当課でも積極的に物件情報を収集・発信することはできません。一方、地元に密着しているのが行政なので、空き家の情報はどんどん入ってくる立場でもあります。

情報の入り口が広く、出口は狭い、情報が蓄積されて活用されないギャップこそ、チャンスです。まず、資産を買いたいと思う都市があれば、参照すべきなのは「空き家バンク」です。空き家バンクというのは、都道府県や市町村単位で、空き家の活用を目的に作られている空き家登録のサイトです。有名なのは、都市から地方への移住・地域活性化を進めている「一般社団法人 移住交流推進機構（ＪＯＩＮ）」のサイトです。

＊＊＊＊＊＊＊＊＊＊＊＊＊＊＊＊＊＊＊＊＊＊

『JOINサイトの開き方』

①まず「JOIN　空き屋」と検索して「空き屋バンク」のサイトを開きます（https://www.iju-join.jp/akiyabank/）。

②やや下にスクロールすると、次ページ3‐5のように都道府県別に空き家バンクを選択できます。ここでは、空室率が全国平均より低い九州佐賀県を選択してみます。

③佐賀県内自治体で空き家バンクや担当部署のページがでる（次ページ3‐6）ので、そこからさらに空室率の低い市のサイトへとジャンプします。空室率の低さを調べるときは、総務省の『住宅・土地統計調査』（同章後述）を私はよく利用しています。

＊＊＊＊＊＊＊＊＊＊＊＊＊＊＊＊＊＊＊＊＊＊

● 3-5（地域ごとに空き家を探せる）

● 3-6（佐賀県を押すと、各市町のお勧めサイトが出てくる）

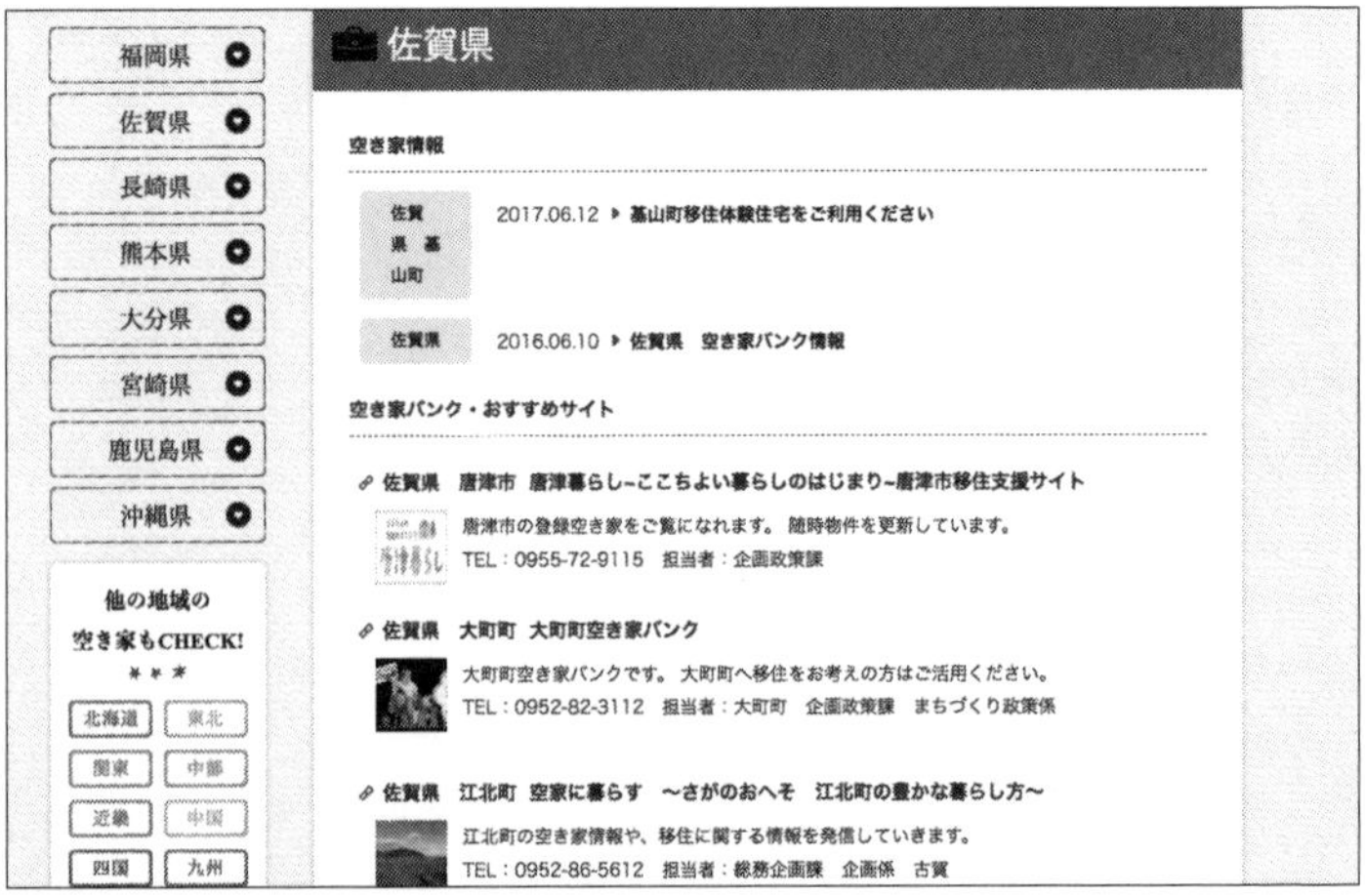

このようにして、あなたの地元やその周辺地域の「空き家バンク」の情報を得ることができます。

こうして、実際に開いたページから「詳細」を押し、写真から物件を見る、または担当課へのメールや電話などの問い合わせ先に、問い合わせをしていくわけです。

ここで、問い合わせの方法を紹介しますが、決定的に重要なことを頭に入れておかなくてはなりません。それは、**「空き家バンク」は、基本、その街への移住者の為の情報**ということです。

ですから、たとえば「不動産投資のために空き家バンクにあった100万円の物件売ってもらえませんか?」と、行政の担当者に訴えても、関係性はいきなり土俵際です。

もし担当者から、物件取得の目的を聞かれたら、その街にまず不動産を取得し、老後や将来の設計に備えたい、というような答え方がよいと考えます。あなたがその街の物件を取得する取り組みは、その物件の廃屋化を防ぎ、またその街へお金を落とすことにもなります。その街にとって意味あることですので、堂々と伝えていきましょう。

それでは、ここで空き家バンクを見てからの、「行政への問い合わせの仕方」をお伝えします。

＊＊＊＊＊＊＊＊＊＊＊＊＊＊＊＊＊＊＊＊＊＊＊＊＊

「空き家バンク」へのメール・電話のかけ方

①まず、空き家バンクで自分が候補とした物件を選ぶ。

②空き家バンクには、たいてい「お問い合わせ先のメールアドレス」か電話連絡先が書いてあるので、そこに連絡する。

③次のことを伝える。

・氏名

・現住所と連絡先

・貴市の空き家バンクに登録している○○町の中古物件を購入したい。

・地元不動産会社で作る空き家バンクの協議会、または売主に紹介してほしい。

・自己資金は用意している。本気で取得を考えているのでご協力を願いたい。

・万一、物件取得の目的は？　と聞かれたら、その物件が気に入ったので、まず不動産を取得し、老後や将来の設計に備えたい、と答える（あまり個人的なことは聞かれないようです）。

＊＊＊＊＊＊＊＊＊＊＊＊＊＊＊＊＊＊＊＊＊＊＊＊＊＊＊

このあとは、その街の「空家等対策協議会」加盟の不動産会社を紹介される場合が多いです。行政からの紹介もあるし、不動産会社も基本は受けてくれます（不動産会社との付き合い方は、同章の不動産会社の項を参考にしてください）。行政は個人審査をしません。安心して電話してください。

「指値」で半額にする？

ここで、100万円台で物件情報を手に入れる際に、忘れてはいけないポイントが2つあります。1つは「指値《さしね》」です。

加藤ひろゆき氏や堀口博行氏など有名な投資家が実践されていますが、指値とは、売主の希望金額に対して、買主が値引きした希望金額を伝える価格交渉です。私は極端な交渉を勧めませんが、ほしい物件があれば、とにかくあなたの自己資金額内の値段を示すべきです

なぜかというと、その物件は、すでに借金も終わった「物理的には何円でも売れる物件」なのです。よほどの人気物件でもない限り、基本は値引き交渉に応じてくれます。ただし極端な値引きの提案には、あなたと売主の間に入る不動産会社から「その価格では売主に言えません」と断られてしまう場合があります。

交渉の仕方としては、「自己資金がこれしかないから」「即金で買うのでぜひ」「リフォームの費用も考えて」などと言い方はありますが、まず素直に不動産会社に相談してみるのが一番です。

行政の方に聞き取りしたところ、空き家バンクの登録は、地方では300万円程度からが多いです。300万円の物件なら半値の指値でも買える可能性はあります。**指値で、理想価格を作り出す**のです。

よい物件は1分で売れる？

もう1つのポイントは、「スピード」です。

生き腐れ　生のサバと　いい情報

サバは俗に「生き腐れ」といわれるほど傷みが早いので、新鮮なうちにすぐ調理し食べないといけません。いい物件情報も同じです。すぐ行動しなければ瞬殺です。

実は、この本を書いている間、地元の不動産業者から「昨日入荷したばかりという価格100万円ぽっきりの不動産情報」が来ました。おお、それでは明日写真を撮らせてもらおうと思っていたら、次の日もう売れていました。

「検討しないといけない」「妻にも相談を」それは分かります。しかし、よい物件であればあるほど、1分を争います。よい物件の取得は、決断力から生まれます。

地域のアタリの付け方

ここまでは、100万円台で買える物件情報のつかみ方をお話してきました。調べた範囲ではいい物件そうだ、でも、人口も減っているし、安全なんだろうか？ と思うのは当然のことです。

しかし、私は人口社会減全国一である北海道に300戸、25棟のアパート・マンションを保有しています。入居率は92%、今保有している物件の利回りは16%を超えています。

普通に考えれば、人口が減る地域に投資はしません。しかしだから、「ねらい目」なのです。このねらい目が分かるだけで、不動産投資は成功できるのです。では、6億の資産を生んだ3つのモノサシを伝えます。

①総務省

その街ではじめて物件を買う際、**必ずお世話になるのが総務省統計局**です。政府統計の総合窓口「e-Stat（出展：総務省統計局、https://www.e-stat.go.jp/SG1/estat/eStatTopPortal.do)」には、参考になるデータがてんこ盛りですが、中でも5年ごとに実施される『住宅・土地統計調査』では、全国すべての市区町村別の空室率が分かります。

私も実際に本年の物件取得で使ったグラフが次ページ3－7になります。このグラフの活用方法をお教えします。まず、**空室率が高い都市には、私は物件を買いません**。経験則ですが、空室率が低い都市の物件は、実際に不動産経営（入居）が楽です。あなたの地元の空室率が高いときは、残念ながらあきらめるべきでしょう。

私も本年、北海道内市区でトップクラスの低空室率である帯広市に物件を購入した際、この総務省のデータを参考にしていますし、実際入居率は90％を切ったことがありません。

アタリをつけるという意味で、私はこの賃貸空室率のデータを必ず参考にしています。ただし、総務省先生も万能ではありません。まず、物件数が少ない市町村の場合、極端に数字が上下している場合があるので、必ず投資対象にした街の不動産会社に市況の確認をすべきです。

● 3-7（全国すべての市町村別の空室率が分かる）

千葉県市区部　賃貸用空家率一覧
（H25　データ元：総務省統計局）

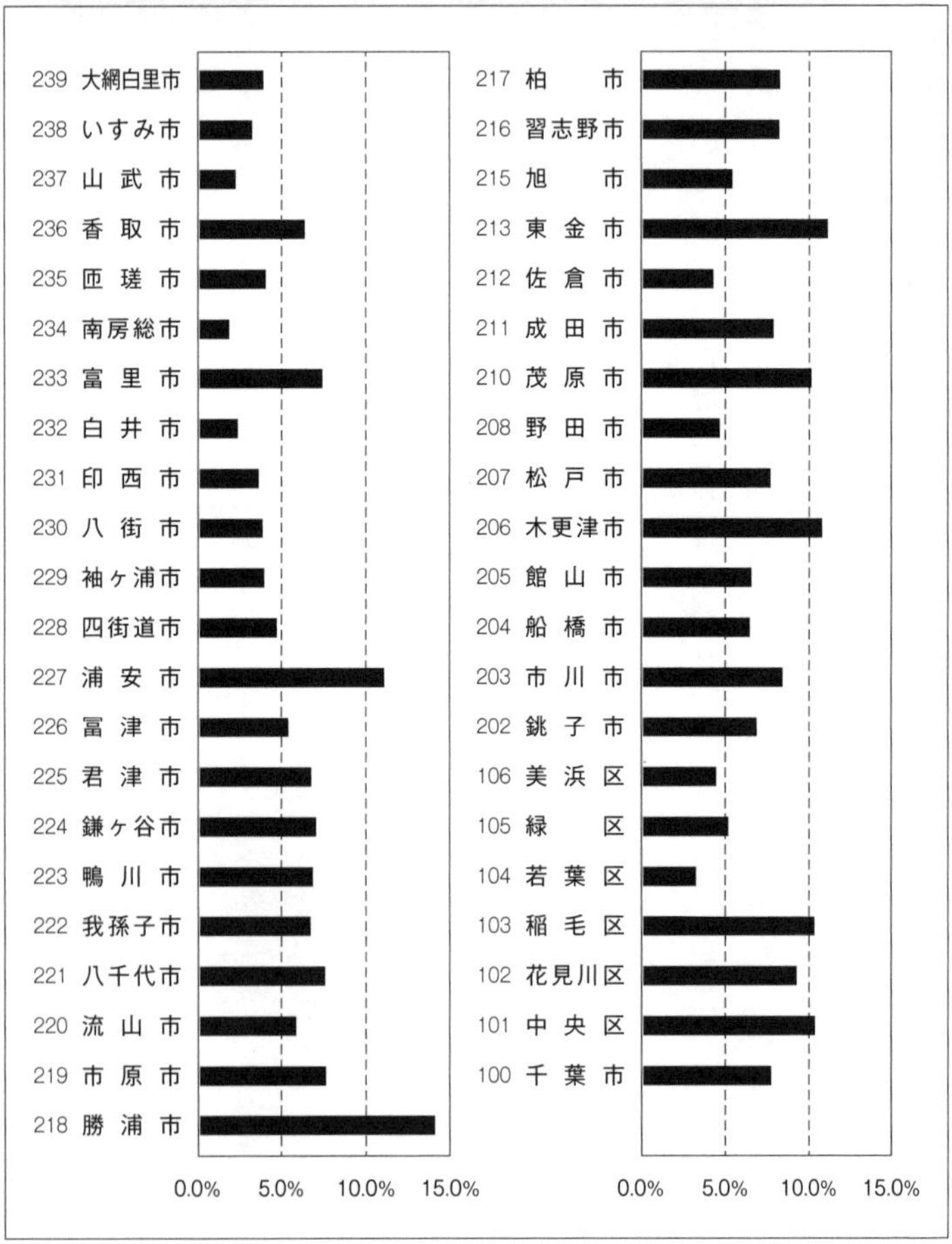

もう1つ、このデータはあくまで「賃貸用の空き家」の割合です。「2次的住宅（別荘など）の空き家」「売却用の空き家（売るために空き家にしている住宅）」「その他の空き家（廃屋など）」は、除いているので、誤差はあると考えておきましょう。

②見える！　賃貸経営

次に私がお世話になっているのが、「見える！　賃貸経営（LIFULL HOME'S）」（http://toushi.homes.co.jp/owner/）です。土地の値段の上下、空室率と役立つ情報満載ですが、中でも、**「家賃相場」というサイトはいつも参考にしています**。ここで、自分の家賃をいくらにするか考えたり、ライバルの状態（家賃、間取り、内装のきれいさなど）をチェックしたりできるのです。さらに、マーケティングにも使えるのです。

次ページ3‐8は、全国の不動産投資家に人気がある北海道札幌市の、地下鉄東西線の沿線における家賃のグラフです。基本は市内中心部の駅（大通駅）から遠ざかるにつれて家賃は安くなっていきますが、例外的な〝家賃のゆがみ〟に気づくはずです。

ここでみれば、いったん南郷7丁目駅まで下がり続けた家賃相場が、新さっぽろ駅周辺で再び上昇しているのです。ここで総務省のデーターで札幌の空室率を調べてみましょ

● 3-8（「家賃相場」はカンタンにネットで見られる）

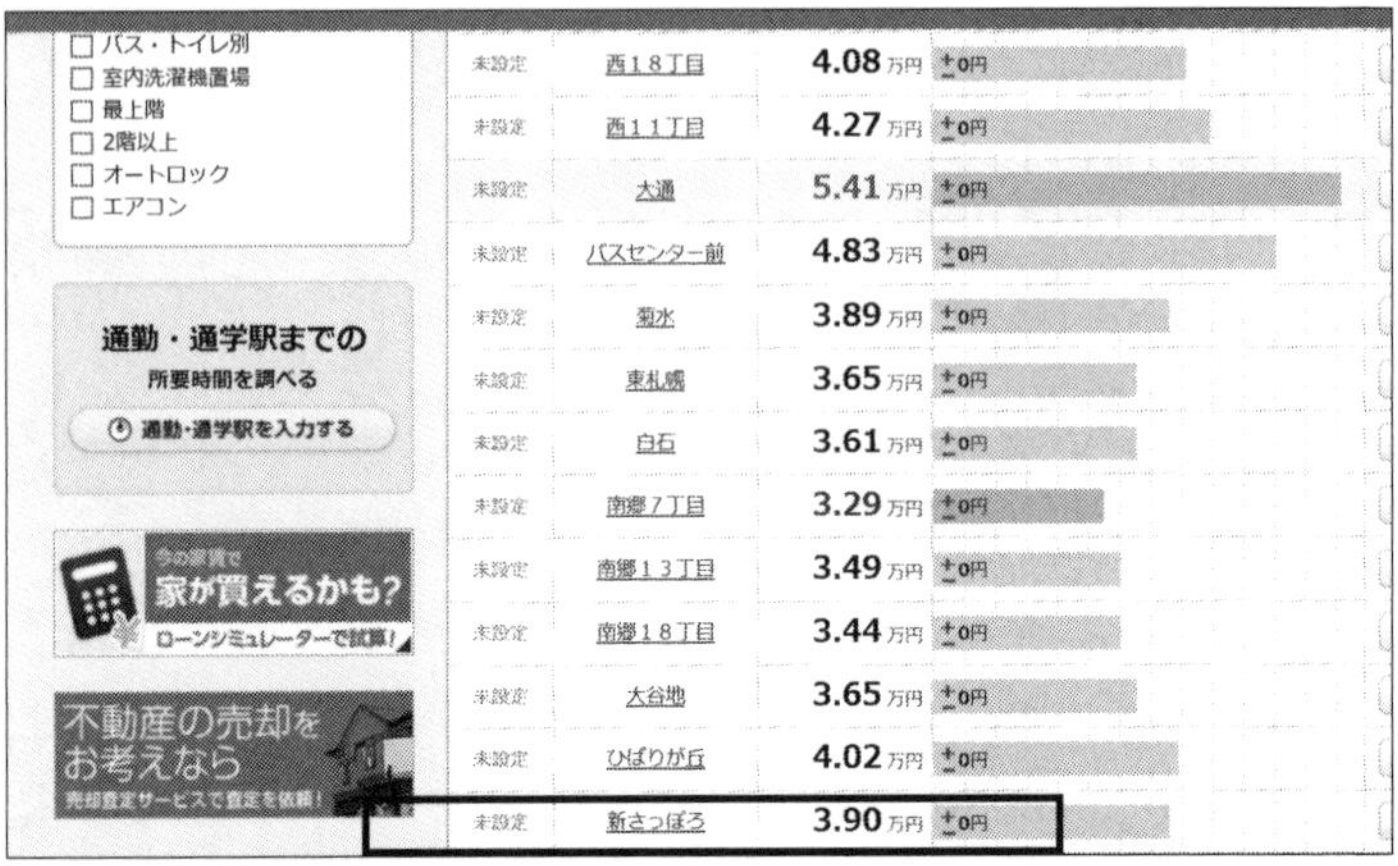

● 3-9（激戦区の空室率は概して高くなる）

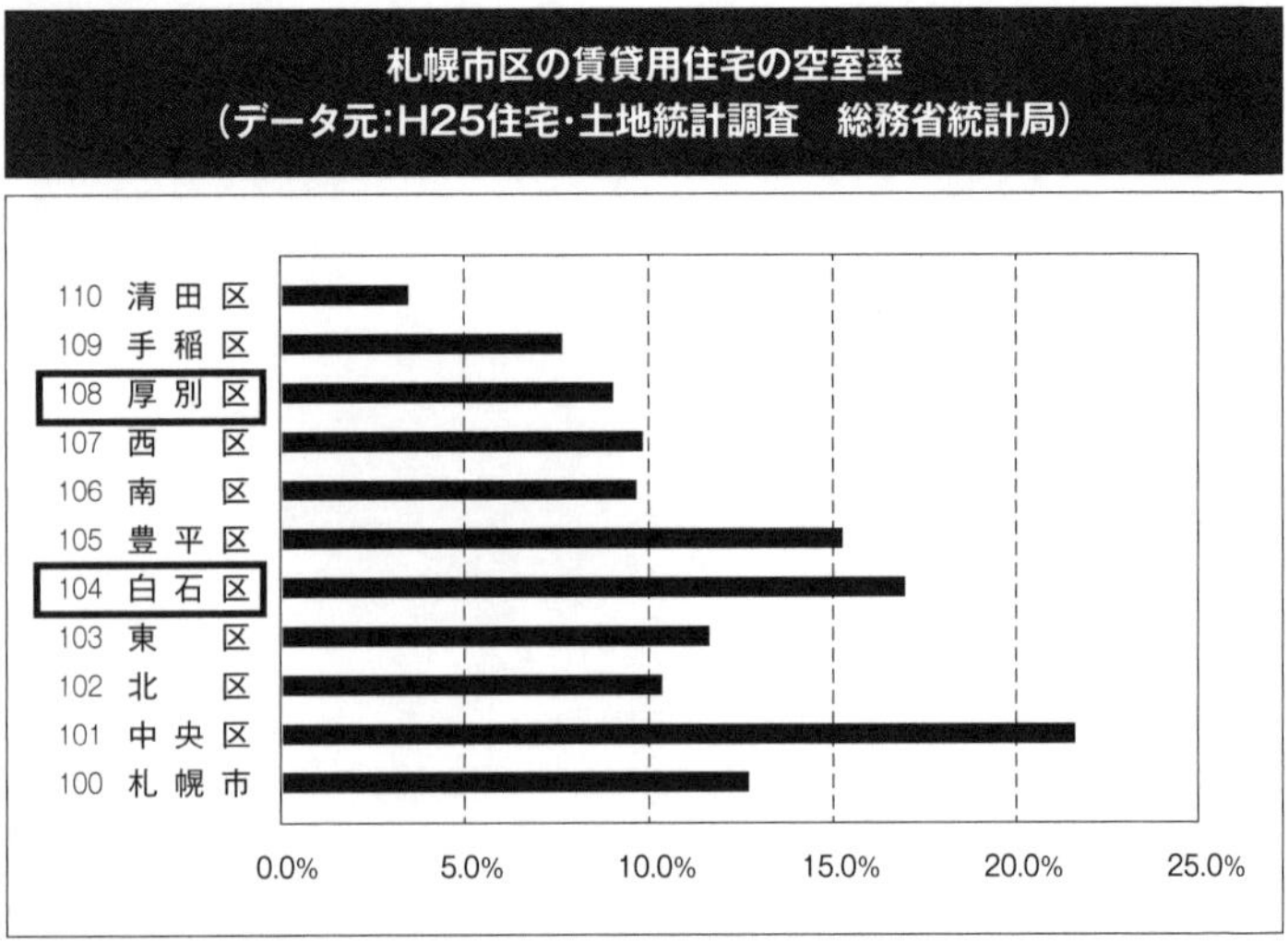

う。新さっぽろは政策的に開発されている副都心ですが、新さっぽろがある厚別区は札幌市に10ある区の中で3番目に低い空室率を誇る区です（3-9）。一方、家賃の低い周辺は、札幌でも経営の厳しい最激戦区の1つである白石区です。もちろん、単純ではないのですが、私は、HOME、Sの「家賃相場」を見て、競争の激しいエリアかどうかの判断材料の1つにしています。競争の激しいエリアでわざわざ物件を買う必要はありません。

③不動産仲介の営業マン

データで、ある程度のアタリはつけたものの、当然これだけで大丈夫か決定はできません。そんなとき頼りになる究極の先生がいるのです。それは、その街の賃貸仲介の営業マンです。当たり前に見えますが、この営業マン活用にもコンタクトにはコツがあるのです。

まず名前を告げたあと、その街の不動産オーナーになることを検討しているので賃貸の状況を教えてほしいと、電話の趣旨をはっきりさせることです。もしあなたに不動産経営の実績があれば、さらに信用してもらえます。

次に、「不動産のオーナーになったら、必ずお世話になりたい」と伝えることです。これで、将来のお客さんと、認めてもらうのです。この2つを伝えた上で、具体的な質問をします。

＊＊＊＊＊＊＊＊＊＊＊＊＊＊＊＊＊＊＊＊＊＊＊＊＊＊＊

不動産仲介への質問リスト

・賃貸のニーズがあるか。あれば、ターゲット（その街の専門学校生か、近くの工場の従業員なのかなど）を聞く。

・家賃相場を聞く（築年数、間取り、物件の状態、壁紙をすべて張り替える予定など）を伝えたうえで。

・入居付けでの慣習（敷金や礼金、更新や広告料など）はどのように扱われているか。

・入居のために実行すべき事柄などがあれば教えてもらう。

＊＊＊＊＊＊＊＊＊＊＊＊＊＊＊＊＊＊＊＊＊＊＊＊＊＊＊

ここで、**仲介の営業マンから「まあ、入居付けできると思いますよ」などと前向きなコメントがもらえることが、私の不動産を取得する際の最低条件**です。

このように、まず、この3つの先生から情報を得て、その街に不動産を買うかどうかをふるいにかけます。

地方でも集客力のある3つの建物

前項で明らかにしたように、需要が多い地域には投資家が集まり、競争が激しくなった結果、空室が埋まらない→家賃を下げる、となるケースが多くあります。

要は人気のある地域は儲からないのです。一方、人口減少の地方都市には競合する投資家が少ないのです。実際に、人口減少全国一位を記録したことがある北海道室蘭市で私や投資仲間が所有している物件は、すべて利回り20％以上でした。

もちろん、人口減少地域で投資をするのはリスクがあります。しかし、**街というものは全域がまんべんなく減少するわけではない**のです。地方でも、次の3つの建物の近くは、人気が高く人口が減りにくいのです。こうした地方の3つの建物が近い物件にアタリをつけた人が勝つのです。

①国立大学

保護者の所得が2極化する中で、安い学費で入れる国立大学の人気は衰えません。私立に比べ、撤退や学部減などのリスクが少ないのも特長です。国立大学の近くは人気があり、どんどん新しいアパートが建つのでは……と不安かも知れませんが、新築アパートはあなたの物件のライバルにはなりません。新築と100万円物件では家賃相場が全く違うからです。

②市役所

地方でも、その中心部はなかなか人口が減りません。昔とは比べ物にならない位さびれていても、一定の職場が中心部には集まっています。

地方交付税という言葉は聞いたことがあるでしょう。国から地方に交付されるお金ですが、これは非常にカンタンに言うと、「国がその都市に足りないと計算した分がもらえる」仕組みなのです。こうしたお金は国の進める政策的な（国の進める市街地再生とか地方創生など）使い道が限定されるので、市の中心部は、国のお金で中心市街地活性化などの振興が図られ、一定の入居ニーズも生まれ続けるのです。

また、これからも増え続ける生活保護者の方は、毎月市役所に保護給付を受け取りに来るため、生活保護者の方には市役所そばの物件は人気があります。

③大きな病院

ここでは、市役所そばと並んで生活保護世帯のニーズが見込まれます。基本的に生活保護の方は車を持たないので、大きな病院がある地域に生活保護世帯が入居することが多いです。


このように、地方都市でもピンポイントに探せば需要がある地域が見つかるのです。私が以前住んでいた北海道にある２０００人余りの小さな町では、数軒あった民間アパートはほぼすべて満室でした。競合する物件が少ないので需要が集中するのです。

人口増加地域は、１００万円不動産投資家には意味がありません。人口減少市内の、ニーズある地域への物件投資が勝つのです。

超高利回り地域は避ける

１００万円台の物件を見つけた。まあ、空室率も高くはない。仲介の営業マンに電話した反応もまずまず。さらに、市街地の中心で、そこそこ便利…こうした物件を見つけて、現地調査に行く前に最後に目をつけるところは、「危険な投資の場所でないかどうか」です。自宅で判断できる方法を１つだけお教えします。**不動産投資サイトの高利回り物件を見る**のです。

３-10をご覧ください。これは、「楽待」の画面から「エリア↓北海道、種別１棟アパート、利回りの高い順」で検索条件を決めて出された結果の一部です。非常に高い利回り物件が20件並びますが、この20件の物件がある都市をカウントするのです。

２０１７年5月現在の結果は、次のとおりでした（３-11）。ここにある都市が一概に厳しい都市とはいえません。不動産の売買が活発な都市は、どうしても高利回り物件が出てくるからです。

● **3-10**（あまりにも高利回りな物件が多い地域は避けたほうが無難）

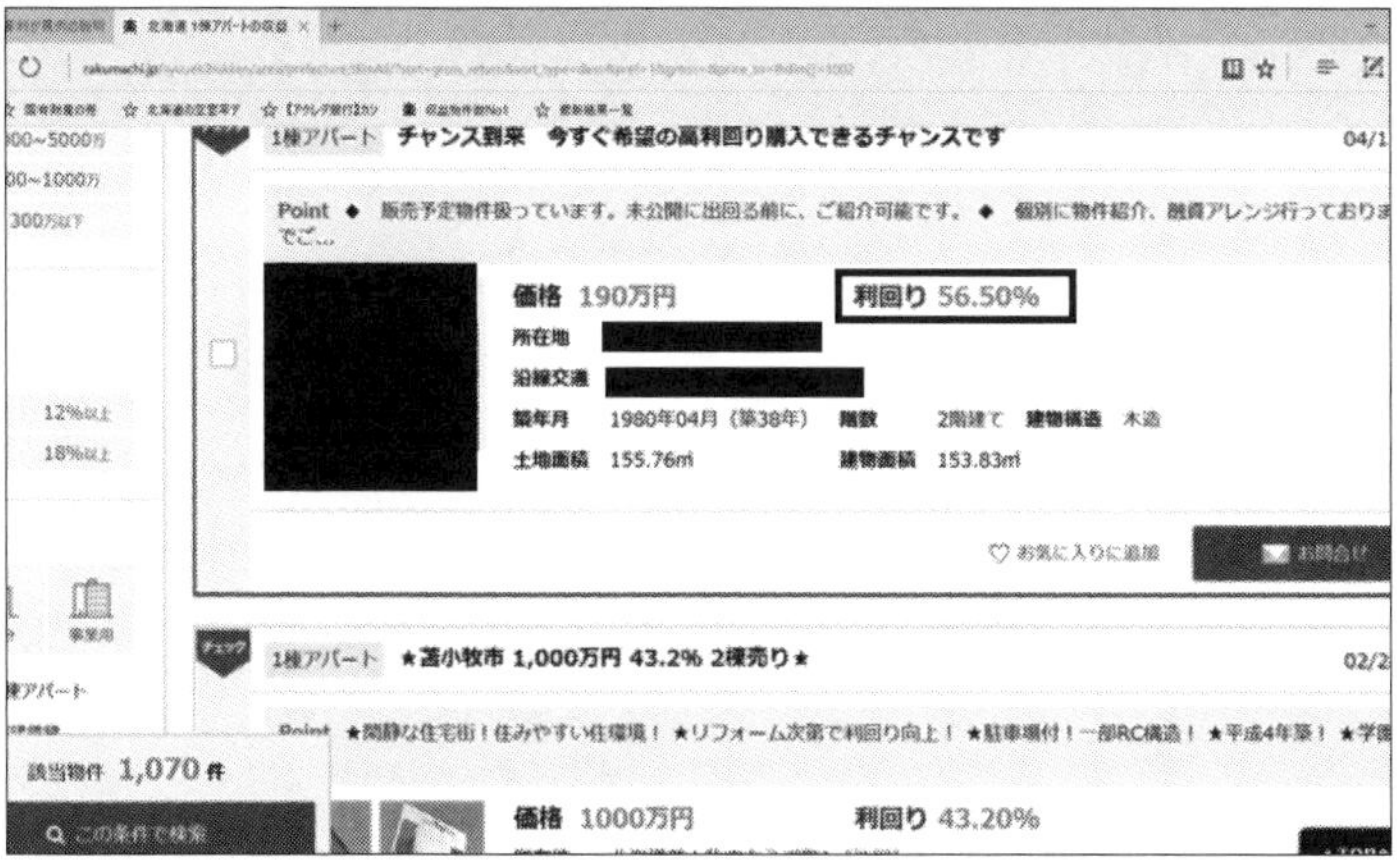

● **3-11**（極端な高利回り物件が多い地域は避けるべし）

北海道内高利回り物件検索結果（都市別件数）
（2017年5月2日調べ　楽待）

都市名	件数
小樽市周辺部	5件
苫小牧市西部	5件
札幌市	2件
函館市	1件
砂川市	1件
江別市	1件
余市町	1件

しかし、あまりに高利回り物件が多い都市は、高い利回りでないと売れない、危険な投資場所の可能性があるのです。私の拠点都市の1つである北海道苫小牧市は空室率も低い魅力的な都市ですが、西部は厳しいです。巨大なイオンが東部にできて、みんな東部に行ってしまいました。苫小牧の西部を調べてみると、やはり高利回り物件が5件と多くなっています（同じ物件の可能性もあるので注意）。

このように**高利回りで検索してたくさんヒットしてしまう地域は、必ずその地元の営業マンに状況を確認すべき**です。人口減少地域でもニーズある地域へ物件投資を行いましょう。

結論③

1 100万円台の物件の探し方、初級編はインターネット検索。私が毎日チェックするのは、楽待、健美家、不動産投資連合隊。

2 中級編は地方の不動産に直接行く。地元は競争が少ないブルーオーシャン。「不動産業者へ伝えるべき5つのポイント」を参考にしながら、人脈で紹介をつかむ。

3 上級編は、「空き家バンク」。実際に問い合わせるメール・電話のかけ方を見ながら、まずは連絡する。

4 いい物件が見つかったら、3つのねらい目で大まかな地域のいい悪いを判断する。

5 人口増加地域は、100万円不動産投資家には意味がない。人口減少市内の、ニーズある地域への物件投資が勝つ。

column3

物件探しは、狩り

「年間 3000 件以上の物件情報を検討しています」

といって、銀行員からびっくりされたことがあります。さすがですね～と褒められてしまいましたが、不動産探しは、単純に趣味です。ネットでいい獲物がないか探し歩き、狙いをつけ、買付証明書を放ち、自分のものにする。何かに似ているなあ・・・と考えたら、狩りのようです。

せっかく買付という矢があたっても、逃げられたりします。札幌の中央区にある物件は、売買契約の当日朝にまさかのキャンセル。前泊し、京王プラザホテルのラウンジバーで、妻と二人、カクテルで乾杯！　などと調子をこいたのがいけなかったのでしょうか（笑）

ハンターが獲物を探すような気分？　なのでしょうか。面白いですよ、物件探しのひとときって。

第4章

ステップ2
物件のどこを見る？

不動産投資の特徴の1つが、能力や労働ではなくモノに左右される事業（資本集約型）であることです。これにより、どうしても最初の投資が大きいことが壁となります。ですから、不動産業は基本借金が大きくなりリスクが生まれます。この点については、自己資金のみで格安不動産を買うことで、リスクを軽くできると第2章で明らかにしました。

もう1つが、立地に左右される、動けない事業であることです。まさに、「不動産」なのですが、ここに、不動産業のもう1つの大きな壁、いったん決めてしまうと動けないというリスクがあるのです。

この意味で、**私は不動産投資で一番大切な瞬間とは？ と聞かれたら、迷わず「不動産を選ぶとき」と即答します**。よって、いい物件が見つかった場合、必ず物件を見に行くべきです。その物件を扱う不動産会社に電話をして、物件を見たいというだけです。

もし見たい物件があなたの地元で見つかったなら、さっそく帰省を兼ねて、見に行きましょう。今後あなたが地元で不動産業をはじめることができたなら、物件視察となる交通費はすべて経費となり、節税にもなります。ここで物件を見に行くとき、見るべき2つのポイントをお話しします。

物件周辺の施設を調査する

①マーケット調査

・周辺アパートの空き戸数

これは、周辺の賃貸需要を調べるためのチェックです。近くにアパートがある場合、10〜%程度の空室率なら、まずは平均です。たとえば、8戸のアパートが調査物件の近くにあれば、おおむね1〜2戸程度の空室に収まっていれば、まずは買うかどうかの検討に入れます。**これが3戸空き、4戸空きの物件がちらほらある場合、賃貸物件は余っています。**

ちなみに、空き戸数は大体窓で分かります。カーテンもない窓がある、空室のポスターが貼ってあるなどです。ただ、中にはレースのカーテンをしている空室もあるので、確実な方法はガスの元栓（元栓が直角に折れていれば空室）や電気メーター（普通、冷蔵庫や待機電力があるので生活者がいればゆっくりでも回る）でチェックします。

・撤退したコンビニがないか

明らかに元○ブンイレブンや○ーソンという空き店舗を街で見ることがあります。店舗駐車場不足で近くに移転・営業再開していればよいのですが、本当に撤退しているとなると、人口減などによる地域力の低下＝入居ニーズの低下を意味している場合があります。

コンビニの空き店舗は福祉関連施設や事務所などに再使用されている場合もありますが、その場合でも私は投資に慎重になります。また、**大手のドラッグストアーなどチェーン店の撤退も同じ**です。このような大手チェーンはビックデータをもとに将来の地域人口予測まで出して出店・閉店の判断をしているからです。

②利便施設と入居者ターゲット

同時に、利便施設が整っているかチェックします。利便施設とは生活を便利にしてくれる施設で、買物（コンビニやスーパー）、学校（貸家や2LDK以上のファミリー向け不動産を買うときは大切）、病院、官公庁やサービス施設（銀行など）があるかどうかを見に行きます。特に、**半径800メートル以内は必ずチェック**します。徒歩10分圏内（不動産業では、80mを徒歩1分とするのがルールです）の利便性は、入居にプラスだからです。

また、入居者のターゲットとなる専門学校や大学、企業などもチェックします。**いい物件は、入居者がイメージできます。**

ここでも、ものすごく大切なチェックが1つあります。私立大学の学部統合や撤退がないかのチェックです。大学近隣への投資は、学生の入居ニーズが期待できます。一方その投資は、大学との運命共同体でもあります。ですので、大学の撤退や学部の廃止、統廃合による定員減に気を付けなくてはなりません。特に注意すべきなのは私立大学の撤退です。では、学部廃止や撤退をどのように私が調べているかをお教えします。

＊＊＊＊＊＊＊＊＊＊＊＊＊＊＊＊＊＊＊＊＊＊＊

大学撤退の可能性を探る方法

・**学部の統廃合のうわさがあるか、ネットで「〇〇市△大学　撤退」などで検索**する。大学の統廃合は地元でも大きなニュースになるので、統廃合や撤退があれば大体ヒットします。

・その私立大学が事実上「全入」しているかどうかをネットや近隣大学生協関係者などから調べる。

・大学生協があれば、最近の学生数の推移、一人暮らし学生の割合などを調査。最近では大学の定員割れは珍しくありませんが、定員割れがひどくなってくると収入減やペナルティによる補助金カットなど大学の経営にもかかわる問題となるため、試験はあるものの受験した生徒は事実上全員合格してしまう「全入」という状況が起こってきます。このようなると、大学のレベルが低下し、存続が厳しくなってしまいかねないのです。このように書くと特に初心者の方は不安になりがちですが、最悪撤退があったとしても、代わりの学校法人が活用する場合が多いので、現状把握が大切ということでおさえましょう。

＊＊＊＊＊＊＊＊＊＊＊＊＊＊＊＊＊＊＊＊＊＊＊＊＊

③嫌悪施設

さらに、嫌悪施設がないかもチェックします。**嫌悪施設とは、周辺にあると嫌われる施設**のことで明確な決まりはありませんが、大きく分けると次のような施設です。

・騒音、振動、悪臭、大気汚染などを引き起こす施設。

・パチンコ店、ラブホテル、風俗店など周辺の治安に不安を感じるような施設。
・葬儀場、火葬場、墓地、刑務所など不快感を引き起こすような施設。

要は、自分がその部屋に住んだ際、近くにあったら嫌な施設がないかをチェックすればよいのです。

怖い実話ですが、私が買おうとしていたアパートの周りに、なぜか寺が多いのです。おそらく…と感じたので、案内してくれている不動産会社の方に、「ところで、この辺り昔墓地ではなかったですか？」とたずねた瞬間、マンガのようにその案内人の肩がビクン！と震えました。図星で、昔墓地だった場所に立つ物件だったのです。案内の方は、私が霊感でもあると思ったようですが、数軒のお寺が固まっている場所は、昔墓地だった可能性があることを知っていただけです。

このように、何か気になることがあったら、不動産会社の方にたずねてみるのが確実です。

戸建て物件を見る5つのポイント

周辺の調べが終わったら、いよいよその物件を見に行きましょう。特に、戸建ての空き家を買う際は、チェック項目がたくさんあります。とはいっても、未経験の場合、何を見たらよいか分からないものです。私が最低限チェックしているポイントは5つです。

①基礎状態

基礎の観察で私が重視するのはクラック（ヒビ）です（4‐1）。ここでヒミツ道具のように役に立つのはホームセンターに数百円で売られている「クラックスケール」です。

ヒビには、いいヒビと悪いヒビがあります。私の不動産修繕チームである建設会社が伝えてくれた、簡易的な「ヒビの見分け方」です。

いいヒビとは、「ヘアークラック」と呼ばれる細かいヒビです。これは、気温の寒暖で生まれる普通のヒビです。

● **4-1**（幅が 0.5mm 以上のクラックは要注意。横ヒビもよくない）

● **4-2**（破風や軒天の塗装が剥げていたら屋根の状態は悪い）

悪いヒビとは、幅が0・5㎜以上の深いヒビ（シャープペンシルの芯が入ってしまうくらい）、**そして横に入ったヒビ**です。地盤が軟弱、または、地震などでできた構造上に問題あるクラックの可能性があります。

いずれにせよ、こうしたクラックが見られた場合は、専門家の見立てが必要です。もう1つ、心配なのはシロアリ被害です。シロアリにやられている場合、**基礎に「蟻道《ぎどう》」という茶色い土が地面から壁辺りまで伝わっている**ので、あればすぐ分かります。

②屋根（破風、軒天）

屋根によじ登ってみてみよう・・・では、あまりに危険なので、**屋根の状態は「破風《はふ》」や「軒天《のきてん》」で判断**します。破風や軒天の補修は屋根と同時に行うため、これらの塗装が剥げていたら屋根はエラいことになっています（前ページ4‐2）。

③壁

屋根と並んで不動産オーナーを一番に悩ませるのが壁です。「ヤネカベ」の補修をいつやるかで、利益が百万円単位で変わってしまうので、ここもきちんとチェックしましょう。

壁のポイントは、「チョーキング」と「コーキング」です。

＊＊＊＊＊＊＊＊＊＊＊＊＊＊＊＊＊＊＊＊＊＊＊＊＊＊＊＊＊＊＊＊＊＊＊＊＊

壁をチェックするときの3つのポイント

①触ってみる

まず壁を触ってみます。**ペンキが粉のように指についてしまう現象を「チョーキング現象」といって、塗装劣化のサイン**です。

②水をかける

壁に水をかけます。ペットボトルに水を入れておくと便利です。これで、**水をはじくかどうか**を見ます。

③「コーキング」の隙間やヒビを見る

壁のサイディングボードのすき間を埋める樹脂がコーキングです。コーキングが劣化してくると、ヒビが入り、そこから水が入り、さらに隙間やヒビが広がり、壁内部にダメージを与えますので、チェックします。

＊＊＊＊＊＊＊＊＊＊＊＊＊＊＊＊＊＊＊＊＊＊＊＊＊＊＊＊＊＊＊＊＊＊＊＊＊

④内部

内部で特に注意したいのが、玄関、建てつけと床、天井のしみです。まず、玄関の敷居などに、シロアリがいれば茶色のボロボロがでています。また、建てつけは補修で治りますが、あまりにひどい場合はビー玉を床に置き、床の傾きを見ます。基礎の傾きを見るためです。天井のしみは、雨漏り跡がないか見るためです。特に照明の近くや壁とのすき間から水が漏る場合がありますので注目します。

⑤物件周辺（日照）

日当たり、庭がついていたらその状態など、周辺をチェックします。

以上が物件本体をチェックするときのポイントです。初心者の方はカメラを持っていって、あとで専門家に見てもらうとよいでしょう。

ダメ探しはダメ

さて、物件の状態の見方をお教えしましたが、この5つのポイントの前にある、3つの大前提が、物件を買える人と買えない人を分けるのです。私は、20人を超えるサラリーマンの資産を1億円以上にしてきましたが、当時のメールマガジン会員は2万人を超えていました。つまり、1%の達成者と、99%の未達成者の違いを、私は見てきたのです。

もちろん、この5つのポイントで物件を見ないとリスクはあります。しかし同時に、この5つを満たす100万円台の戸建て物件は、存在しません。そもそも、**完璧な物件はありません**。

私は今までに完璧な不動産に出会ったことはありません。というより、欠点だらけの物件に10億も投資しています。ここからは100万円台不動産投資家が刻み込むべき3つの考え方を紹介します。

①完璧な物件なんてない

マンション1室投資であればある程度よい状態での投資が可能ですが、100万円台で行う1棟の貸家投資では、5つのチェックポイントのどれかに必ず触れます。ここで、投資家の思考が必要なのです。要は、貸せるまでにいくらお金をかければ、どれだけお金が入ってくるかが重要なのです。

私の場合は、借金して1400万円のアパートを買ったことが不動産投資のスタートでしたが、正直言って一度爆破したくなるくらいボロボロでした。物件を見に行った際など、妻は涙目で「これ買うの？」と訴えました。しかし、自分でワンポイントの壁紙を張るなど工夫しただけで、月収37万円のアパートによみがえらせたのです。

課題はあっても、借りてくださる方はいます。いくらお金をかけたら入居者が入ってくるか、それを考えられる人が実際に月収を＋50万円にできるのです。

この、**費用対効果の考え方を不動産業界では「利回り」と呼んでいます**。たとえば、20万円の家に修繕費80万円かかったとします。すると物件にかかったお金は100万円です。これをひと月家賃3万円で貸すと、年収36万円÷100万円ですから、利回りは36％

です。

80万円も修理費にかかるのか！　ではなく、80万円かければ、利回り36％の物件が手に入るのか！　という投資家の発想がいるのです。要は、利回りなのです。最初にお金がかかっても、将来は利益を生むと判断したら、お金を惜しまないのが投資家の思考なのです。

②空室の原因を調査&除去

現状空室の物件を買うとき必ずおさえることが、空室の原因です。この空室原因が明らかな物件ほど対策もカンタンです。私が20万円で購入した物件は、掃除が行き届いていなく、壁紙が傷んでいました。しかし、部屋を掃除し、壁紙を張り替えただけで、月3万円で貸せました。誰でもできることしかしていません。当たり前のことをするだけで、収益を生む素敵な物件になる場合もあるのです。

③プロに従う

私がコンサルティングしたケースを紹介します。その方は立派な会社にお勤めの50歳近い方でした。東京まで不動産会社の社長も同行してもらってコンサルティングしたのですが、途中で「固定資産税の計算が間違っている！」と不動産会社の社長に食って掛かってきました。おそらくですが、不動産を買うことが急に不安になったのでしょう。何度説明しても拒否でした。

私もサラリーマン出身ですので、不安な気持ちが分かります。結婚式の費用を払ったあとに残った130万円で不動産投資をスタートしたときのドキドキは、今でも覚えています。なにせ分からないことだらけの世界です。不動産を買うことは、人生を変えることです。不安になるのは当然ですが、だからこそプロがいるのです。

こういうとき、残念なことに、ほとんどの人は未経験者のいうことを聞きます。

「それリスクあるよ」
「本業頑張ったほうがいいよ」
「よく検討したら」

というアドバイスをしてくれる方は、不動産で成功した経験があるのでしょうか。

北海道という地方の、年々人口が減っていく街の、ボロボロ物件に10億円を投資して不動産収入1億円を作った私だって、もとは、自己資金130万円のサラリーマンなのです。この本を読んでくださっているあなたより劣っている**私にあったのは、「プロを信じる勇気」だけです**。信頼と経験ある方の意見を聞くべきです。

さすがに買ってはいけない物件

今まで私は、火事を起こした物件、孤独死があった物件、６００万円の滞納者がいる物件、日陰で真っ暗な物件、風呂なし物件など、バラエティに富んだ危ない物件を手掛けてきましたが、それでもさすがに買ってはいけない物件というのはあります。

それは自殺者、殺人の事故物件です。心理的瑕疵《かし》、要するに気持ち悪さということですが、これはお金や努力で解決できません。（亡くなったという意味では）孤独死物件と似ていますが、レベルが違うのです。

逆に言えば、お金と努力で解決できる瑕疵を抱えた物件は購入検討に値します。お金をどれだけ使って、どれだけ収入があるかという利回りの考えがあれば、課題ある１００万円台の物件だって再生できるのです。

結論④

1 必ず物件を見に行く。

・不動産会社に電話をして、物件を見たいといえばよい。
・物件視察にカメラは必須

2 物件周辺の調査の仕方

①周辺アパートの空き戸数、コンビニやチェーン店の撤退がないかは特にチェック。
②利便施設の充実ぶりをチェックしよう。私立大学の場合は撤退のうわさに注意。
③嫌悪施設がないかチェックしよう。分からないことはどんどん不動産会社の担当者に聞こう。

3 戸建物件を見る5つのポイント

①基礎を見る。クラック（シャープペンシルの芯が入ってしまう広く深いクラック、横向きのクラック）には注意。
②屋根を見る。屋根の状態は「破風」と「軒天」で判断。
③壁を見る。触って白い粉が手についたら注意。水をかけ、はっ水を確認。コーキングのすき間もチェック。

④内部では特に、玄関、建てつけと床、天井のしみをチェック

⑤日当たりと、庭がついていたら状態のチェックを。

4 **ダメ探しはダメ**

①そもそも、完璧な物件はない。修繕と効果、貸せるまでにいくらお金をかければ、どれだけお金が入ってくるかが重要。要は、利回り。

②空室原因が明らかな物件ほど対策もカンタン。掃除しただけで家賃を生んでくれる素敵な物件になる場合もある。

③不動産を買うことは、人生を変えること。不安になるのは当然だが、だからこそプロがいる。信頼と経験ある方の意見を聞くべき。

5 **お金で解決できない課題を持つ物件（事故物件など）は買ってはいけない。**

逆にいえば、それ以外の物件は、お金と努力でどのようにも解決できる。

要は利回りで考えると不動産は再生できる。

column4

はじめての物件視察

サラリーマンだった私にとって、不動産会社は恐怖の対象でした。それでも、結婚したてでカッコつけていた私は、借金が怖かったので 1000 万円の激安アパートを売ってくれる不動産会社を見つけ、「即行動だ！」と妻に宣言し、札幌の不動産会社に乗り込んだら、応接テーブルに「アパート企画書」という冊子が。なかなか社員が来ないので、おもわず手に取って１ページめくると「新築アパート企画書 4400 万円」の文字が！

そのときは家賃２万円のアパート住まいで貯金も 130 万円しかなかったのです。4400 万円なんて超絶望です。見た瞬間、汗がドバっと出ました。

どうやって断ろう･･･

資産家と思われているのかな･･･

130 万円しかないとばれたら恥ずかしいな･･･

正直これしか考えられず、とりあえず土地だけも見に行きましょうとなって、不動産会社の社長のランドローバーにくっついて視察に行くことに。

その際も、どうしようどうしよう･･･ばかりで、思わず信号１つを危なく無視しまいそうでした（すみません！）。ですから、はじめての視察でどきどきするの、分かりますよ、すごく！

第5章

ステップ3
物件をどう買う？

コンサルティングの中で、はじめて不動産を買う方に多い質問の1つに、「実際にどう買ったらいいの?」というのがあります。

不動産を買うことは人生でも重大な瞬間でありながら、経験はなかなかできないものです。普通の人生にはあっても数度でしょう。不動産契約は、あなたと家族の将来をかけた取引です。よって、人生を守る不動産を買う方法を知っておくことは、あなたの可能性を拓きます。

で、実際、いくらお金がかかるのか?

①物件価格

一口に「物件価格」といいますが、この物件価格というのは、土地代+建物代+消費税がセットになった価格です。

ここで大切なポイントが、土地代、建物代の案分です。土地がいくら、建物がいくらという「案分」が買ったあとの手取り収入を左右するからです。

本書の対象は100万〜200万円までの物件ですので、それほど大きな問題にはならないでしょう。しかし、ゆくゆくは不動産を大きくしていきたい場合もあるでしょうから、「不動産の値段は、売主買主でギャップが生まれる」ということを理解しておきましょう。

建物の価格には消費税がかかるなどの理由から、売主はなるべく土地の値段を高く、建物を安くしがちです。しかし、買主のあなたは、減価償却費（お金は出ていかないけれど経費にできる科目＝節税できる）がとても大切なので、なるべく土地を安く、建物を高くしたい（減価償却は建物しかできない）のです。

しかし、たとえば、土地1万円、残り全部は建物代！　などと極端にしてしまうと税務の調査が来たとき、認めてもらえない場合があります。**固定資産評価額に比例して案分すると**安心です。

②諸費用

内訳を書くと仲介料、保険料、登記費用、固定資産税の日割り計算や印紙代などですが、結論から言うと、**物件を買う価格の1割**とみておきましょう。

ただし、ここで注意が必要なのは「不動産取得税」です。「固定資産課税台帳登録価格」という不動産の値段の3～4％程度の税金と考えておいてください（※本書では触れませんが特例や復興増税などの制度があり、大きな不動産を買う場合は国税庁のHPなどで確認してください）。

本書では100万円台の不動産購入を考えていますので数万円ですが、物件価格が大きくなれば、この税金も大きくなってきますし、この税金を納めなさいという通知が**3か月～半年後と時間を置いて到着するため、きちんと考えておかないとあとであせります。**

資産を取得するまでの契約の流れ7ステップ

では次に、どのような流れで不動産を買うかをお伝えします。

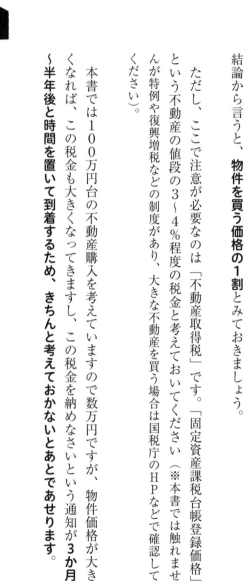

ステップⅠ　購入を決めたら、「買付証明」を仲介会社に出す

仲介会社を通して連絡を取り合い、価格や条件などで折り合いがついたら、「買付証明書」という書類を出します。仲介会社が書類を用意していますが、売主の氏名や住所、買付価格、条件（手付や引き渡しの時期など）が書かれている書類で、ネットでも「買付証明書書式」などでダウンロードできます。提出はファックスでもいい場合が多いです。記入後、実印をおして完成です。

不動産を買うときは一大決心ですが、この書類自体は「あらっ、これでいいの？」と感じるくらいカンタンなものです。**買付証明は、あとで撤回も可能**です。

ステップⅡ　重要事項の説明

あなたの買付証明を受けて、仲介会社は売主の最終的なＯＫをもらいます（売主が売却ＯＫしたことを証する「売り渡し承諾書」が出される場合があります）。正式に売主がＯＫしたあと、重要事項の説明と売買契約の締結に入ります。重要事項の説明は、必ず売買契約の前に行われますが、同じ日に説明～契約と行われる場合が多いです。

この重要事項の説明は、物件や担当者によりますが1時間程度はかかります。物件の基

本的な事柄、法令や規制に関わる事柄、ライフライン（上下水道やガスなど）、その他の説明を受けます。これは宅地建物取引士という国家資格を持った仲介の方が、必ず売買契約前に宅建士証を提示して行う大切な説明です。とても大切な事柄ですので、いくら質問しても無料？　ですし、すべて理解するよう頑張ってください。

この重要事項説明のとき、特に注意しなくていけないのが「その他」や「備考」などに書かれる「特約」です。普通「その他」「備考」などというと軽い感じがしますが、**不動産の重要説明事項では、意外なことに「その他」が主役**です。

ここには売主買主の条件、事故などの特記すべき事柄が書かれています。特約はさまざまですが、１００万円台で買う際、触れる可能性があると考える特約を６つ紹介します。

＊＊＊＊＊＊＊＊＊＊＊＊＊＊＊＊＊＊＊＊＊＊＊＊

注意すべき特約事項6つ

①瑕疵担保免責《かしたんぽめんせき》

中古物件の売買では通常見られます。難しい漢字ですね。**物件に隠れた欠点があった場合、本来は売主が保証しなくてはならないのですが、それは免責する、責任を負いませんという意味**です。

買主には不利ですが、これは特に安い中古物件にはついてきますので、受け入れるしかない場合がほとんどです（売主が不動産業者である場合は最低2年間の瑕疵担保責任がついてきます）。

②越境がある場合の特約

塀などが越境している場合に「○○が隣に越境しているけれど、越境部分の解消等については、買主の責任と負担で行ってね」という内容です。よくあることで問題ない場合が多いですが、仲介から説明された場合は、この越境で隣地の方ともめていないかどうか確認しましょう。

③再建築不可

「道路に面している幅が満たないなどの場合、**建築基準を満たさない物件なので、解体しても物件は再建築できませんよ**」という内容です。売却するときは問題になる場合がありますが、物件が100万円と売りやすい価格なので、よい物件であれば、私は買うかどうか検討可能と考えます。

④定期借地権つき住宅

格安だ！　と喜んで物件資料を見たら定期借地権だった！　ということは私にもあります。これは「この定期借地権に定めた年になったら建物を壊し、更地《さらち》にして返しなさい」という内容です。解体費用が掛かる可能性、また売りにくいことも踏まえて購入の可能性を考えなくてはいけません。

⑤遺産分割協議の未了

これは、『物件の売主を相続人とする「相続登記」の手続き中ですよ』という意味です。この場合、売主は、残代金の決済のときまでに相続登記を終わらせること、そしてもし（兄弟で争いが起きてしまったなどで）相続登記が終われない場合は、この売買契約は白紙となり、あなたの手付金は全額返しますよ、という内容です。

⑥管理費や修繕積立金の未納（マンションの場合）

マンションの場合、売主が管理費や修繕積立金を滞納している場合があります。この滞納額は買主にも支払い義務が生じてしまう恐ろしいものですが、仲介会社がいる場合はそれほど問題ありません。これがあった場合は必ず重要説明事項で説明されますし、基本的には売主も手付金などで滞納を払ってから売買されます。また払えない場合も、滞納額を売買価格から値引きして売買できます。

物件状況確認書（告知書や報告書）**や付帯設備表という書類がありますが、物件の状況がおさえられますので、必ず確認**しておきます。

＊＊＊＊＊＊＊＊＊＊＊＊＊＊＊＊＊＊＊＊＊＊＊＊＊

ステップⅢ　はじめての売買契約

いよいよ売買契約です。

①項目とチェックポイント

a　売買物件の表示

買う予定の物件の所在などが登記簿どおりに書かれているかチェックします。

b　売買代金、手付金の額、支払日

ムリがないかチェックします。ここで土地と建物の価格が希望どおりに分かれているか、必ずチェックしてください。

c　その他約定事項

特に大切なのは引き渡し期日です。この期日までに決済できないと、契約解除や違約金が発生するので重要です。

d　瑕疵担保責任

隠れた欠点があったとき、売主が責任を持つかどうかですが、中古物件の場合、ほとんどが売主は負担しない（免責）となっています。

e　売買対象面積

基本は公簿売買（公簿に載っている書類上の面積）での売買で、実際に測《はか》った実測面積と違っていてもお互い文句はないよ、という内容です。

f　境界の明示

売主は、売買時までに土地の四隅に標石を入れて、きちんと境界を明らかにしますよ、という内容です。

g　公租公課の負担

固定資産税や都市計画税を、物件引き渡し日前の分は売主が、引き渡し後は買主が負担するので清算しましょう、という内容です。

h　特約条項

ここがもっとも重要なポイントの1つです。重要説明事項の項で説明していますので省略します。**ここは絶対に確認**しましょう。

以上、a～hの契約書例を次ページより掲載するので、あわせてご確認ください。

②これは必要！　当日の持ちもの

A　手付金

現金でも、通帳&通帳印でも大丈夫です。

B　収入印紙代

物件価格で異なりますが、100万～2000万円の契約書ですと、400円です。郵便局で買えますすし、仲介業者が用意してくれる場合があります。

C　実印（印鑑証明と同じ印鑑）

D　本人を確認できるもの（運転免許証など）

E　仲介料の半額のお金

仲介業者によっては請求するところもあるので、事前に確認しましょう。

●契約書例

収入印紙

不動産売買契約書（土地建物）

a　売買物件の表示

売買目的物の表示

		所在	地番	地目	地積(登記簿)	持分
土地	①	[redacted]	354 番 52	■ 宅地 □ その他（　）	779.47 ㎡	
	②	[redacted]	354 番 53	■ □ その他（　）	243.96 ㎡	
	③	[redacted]	354 番 54	■ □ その他（　）	243.96 ㎡	
	④	[redacted]	354 番 90	■ □ その他（　）	496.06 ㎡	
	⑤			□ □ その他（　）	㎡	
				合計（ 4 ）筆	1,763.45 ㎡	

建	所在	[redacted]		家屋番号	354番52
	種類	共同住宅 （　）			
	構造	鉄筋コンクリート造 （ 陸屋根 3階建 ）			
	床面積	地階 ㎡	1階 841.50 ㎡	2階 841.50 ㎡	合計 2524.50 ㎡

cまたはh　その他約定事項または特約条項
（契約書の末尾にもあり）

特記事項
1. 本物件の境界標について、接道している北側はアスファルトに埋設しており、南側も不明箇所がありますが、第5条に定める「境界の明示」は、地積測量図及び既設の境界標によるものとし、後日、実際の境界が異なることが判明した場合でも、売主・買主は互いに異議を申し出ないものとします。

2. 本物件の南側境界には「[redacted]」の土地所有者のコンクリート塀が境界を中心に設置されており越境しております。これについて、塀の所有者と売主・買主との間で覚書を交わしております。

以下余白

1/6　　（公社）全日本不動産協会

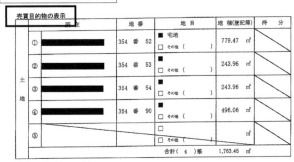

b　売買代金、手付金の額、支払日

売買代金及び支払いの方法

売買代金		金140,000,000円也
（土地）		金31,000,000円也
（建物）		金109,000,000円也
（建物消費税／内税）		金8,074,074円也
手付金	本契約締結時（売買代金の一部に充当）	金3,000,000円也
内金（1）	平成　年　月　日	円也
内金（2）	平成　年　月　日	円也
残代金	平成28年6月30日	金137,000,000円也

融資	融資の有無	■有　□無	
	申込先: [redacted]	融資申込額(A)	金140,000,000円也
	申込先:	融資申込額(B)	円也

引渡予定日	平成28年6月30日
融資承認取得期日	平成28年6月30日
手付解除期日	平成28年6月30日
融資未承認の場合の契約解除期日	平成28年6月30日
違約金の額（第12条）	金14,000,000円
反社会的勢力排除に係る違約金の額（第13条第5項）	金28,000,000円
反社会的勢力の事務所活動の拠点に係る制裁金の額（第13条第7項）	金112,000,000円

特記事項

2/6　　（公社）全日本不動産協会

（目的物）
第1条　売主は、買主に表記土地（以下「土地」という）及び表記建物（以下「建物」といい、土地及び建物を総称して「本物件」という）を現状有姿のまま表記代金で売り渡し、買主はこれを買受けました。

（手付金）
第2条　買主は、本契約締結と同時に、表記手付金を売主に支払い、売主はこれを受領しました。
2 売主又は買主は、表記の手付解除期日又は相手方が本契約の履行に着手するまでは、買主は手付金を放棄して、売主は手付金を買主に返還し、かつそれと同額の金銭を買主に提供してそれぞれ本契約を解除することができるものとします。
3 手付金は、残代金支払時に売買代金の一部に充当するものとし、これには利息をつけないものとします。

（売買代金の支払い）
第3条　買主は、売主に対し、売買代金として表記内金及び表記残代金を、表記の通りの各支払日までに、売主の指定する方法・金額を

e　売買対象面積

（売買対象面積）
第4条　本物件の対象面積は、登記簿によるものであり、実測面積と相違しても売主、買主双方とも異議を申し立てないものとします。

（境界の明示）
第5条　売主は、買主に対し、本物件引渡しの時までにその立会のもとに、現地において境界を明示しなければなりません。

f　境界の明示

（所有権の移転の時期）
第6条　本物件の所有権は、買主が表記売買代金全額を支払い、売主がこれを受領した時、売主から買主へ移転するものとします。

（登記申請手続等）
第7条　売主は、売買代金全額の受領と同時に本物件について、買主と協力して、買主又は買主の指定するものの名義に所有権移転登記の登記申請手続きをしなければなりません。但し、この登記に要する費用は買主の負担とします。

（引渡し等）
第8条　売主は、買主が表記売買代金全額を支払い、売主がこれを受領したのと同時に、本物件を買主に引渡す（以下この日を「引渡し日」という）ものとします。
2 売主は、本物件引渡し時までに、その責任と負担において抵当権等の担保権、賃借権等の用益権、その他買主の完全な所有権等の行使を阻害する一切の負担を除去抹消しなければなりません。
3 売主は本物件引渡しまで善良なる管理者の注意をもって本物件を保管しなければなりません。

（危険負担）
第9条　引渡し日までに、本物件の全部又は一部が、天災地変その他当事者の責めに帰さない事由により、滅失又は毀損した時は、その損失は売主の負担とし、本契約の取扱いは次の各号によるものとします。但し、この場合、買主は売主に対し損害賠償の請求をしないものとします。
① 滅失の場合は、買主又は売主は本契約を解除し、売主は滅失時において受領済金員の全額を無利息にて買主に返還します
② 毀損の場合は、売主は自己の負担において本物件を修復して買主に引渡すものとし、修復に要する期間を限度として引渡し期限が延期されることについて、買主は異議なく認諾するものとします
③ 前号の場合、毀損の程度が甚大で修復に多額の費用を要すると売主が認めた時は、売主は本契約を解除し、第1号の

d　瑕疵担保責任

2 引渡し日以降に、本　めに帰さない事由により、滅失又は毀損した時は、その損失は買主の負担とし売主は責任を負わないものとします。

（瑕疵担保責任）
第10条　売主は本物件に関し、一切の瑕疵担保責任を負わないものとします。

g　公租公課の負担

（公租公課の分担等）
第11条　本物件から生ずる収益又は本物件に対して賦課される公租公課及び管理費等、ガス、水道、電気料金並びに各種負担金等の諸負担については引渡しの前日までの分を売主、引渡し日以降の分を買主の収益又は負担とし、引渡し日において精算します。なお、公租公課の納付分担の起算日は1月1日とします。

（契約の解除）

第12条　買主又は売主は、その相手方が本契約の各条項の一に違背し、期限を定めた履行の催告に応じない場合には、本契約を解除することができるものとし、本契約に違反した者は、その相手方に対して表記売買代金の10％相当額を違約金として支払うものとします。

2 本契約の取扱いは次の各号によるものとします。

① 買主が本契約に違背した場合は、売主は受領済金員のうち、表記売買代金の10％相当額を違約金として取得し、残余は無利息にて買主に返還します。なお、受領済金員の充当後、違約金の支払いに不足が生じた場合は、買主は直ちに不足金を売主に支払うものとします

② 売主が本契約に違背した場合は、売主は受領済金員の全額を無利息にて買主に返還し、かつ表記売買代金の10％相当額を違約金として買主に支払うものとします

（反社会的勢力の排除）

第13条　売主及び買主は、それぞれ相手方に対し、次の各号の事項を確約します。

① 自らが、暴力団、暴力団関係企業、総会屋若しくはこれらに準ずる者又はその構成員（以下総称して「反社会的勢力」という）ではないこと

② 自らの役員（業務を執行する社員、取締役、執行役又はこれらに準ずる者をいう）が反社会的勢力ではないこと

③ 反社会的勢力に自己の名義を利用させ、本契約を締結するものでないこと

④ 本物件の引渡し及び売買代金の全額の支払いのいずれもが終了するまでの間に、自ら又は第三者を利用して、本契約に関して次の行為をしないこと

ア 相手方に対する脅迫的な言動又は暴力を用いる行為

イ 偽計又は威力を用いて相手方の業務を妨害し、又は信用を毀損する行為

2 売主又は買主の一方について、次のいずれかに該当した場合には、その相手方は、何らの催告を要せずして、本契約を解除することができるものとします。

① 前項①又は②の確約に反する申告をしたことが判明した場合

② 前項③の確約に反し契約をしたことが判明した場合

③ 前項④の確約に反した行為をした場合

3 買主は、売主に対し、自ら又は第三者をして本物件を反社会的勢力の事務所その他の活動の拠点に供しないことを確約します。

4 売主は、買主が前項に反した行為をした場合には、何らの催告を要せずして、本契約を解除することができます。

5 第2項又は前項の規定により本契約が解除された場合には、解除された者は、その相手方に対し、違約金（損害賠償額の予定）として、　金28,000,000円（売買代金の20％相当額）を支払うものとします。

6 第2項又は第4項の規定により本契約が解除された場合には、解除された者は、解除により生じる損害について、その相手方に対し一切の請求を行うことはできません。

7 買主が第3項の規定に違反し、本物件を反社会的勢力の事務所その他の活動の拠点に供したと認められる場合において、売主が第4項の規定により本契約を解除する時は、買主は、売主に対し、第5項の違約金に加え、金112,000,000円（売買代金の80％相当額）の違約罰を制裁金として支払うものとします。但し、宅地建物取引業者が自ら売主となり、かつ宅地建物取引業者でない者が買主となる場合は、この限りではありません。

（融資利用の特例）

第14条　買主は、売買代金の一部に表記の融資金を利用する場合、本契約締結後すみやかにその融資の申込手続きをしなければなりません。

2 前項の融資の全部又は一部について承認を得られない場合、買主は表記の期日内であれば本契約を解除することができます。

3 前項により本契約が解除された場合、売主は、買主に受領済みの金員を無利息にてすみやかに返還しなければなりません。

4 買主が自己都合により故意に融資の承認を妨げるような行為をした結果、融資の全部又は一部について承認が得られなかった場合、買主は本条に基づく解除権の行使はできません。

（印紙代の負担））

第15条　本契約書に貼付する印紙については、売主、買主が平等に負担します。

（共同購入の特例）

第16条　買主が本物件を共同して買受ける場合、買主は本契約に定める債権を共同して行使し、債務については、その持分割合にかかわらず連帯してこれを履行するものとします。

2 前項の場合、売主の買主に対する通知・催告及び本物件の引渡し等は、共同して買受ける者のうちの一人に対してなせば足りるものとします。

（権利義務の譲渡禁止）

第17条　買主は、表記売買代金全額を支払うまでは、売主の書面による承諾を得なければ、本契約に基づく権利義務を第三者に譲渡できないものとします。

条文内容はおおむねOKかな？　のマーク（P146）

5/6

（公社）全日本不動産協会

完全に納得できたら、住所（番地まで省略しないできちんと書きます）、氏名を書いて押印して終わりです。

ステップⅣ　手付金の支払い

契約が終わったら、売買代金の一部を手付金として支払います。基本、物件価格の1～2割程度です。ただ、今回は融資でなく現金での支払いとなるので、手付抜きの全額支払いになるかも知れません。

ステップⅤ　金銭消費貸借契約

融資を受ける場合は、売買契約が終わったあと、金融機関と「金銭消費貸借契約書」（金消契約）を結びますが、今回は自己資金での売買なので省きます。

ステップⅥ　残りの代金の支払い＆諸費用の支払い、登記手続き、保険加入

手付金を払っていたら、次は決済《けっさい》です。いよいよあなたが自分を守る資産を手に入れる瞬間です。物件の残りの全額と、諸費用を支払います。支払う内容は次のとおりです。

①手付金を引いた残りの金額

②仲介料（物件価格の3％＋6万円）

③火災保険料

事前に火災保険を扱う代理店に、物件の登記簿を渡しておけば見積もりしてくれます。買った瞬間からあなたの物件ですので、必ず保険をかけてください。

④登記費用

司法書士が物件の名義変更や登録免許税の支払いをしてくれます。司法書士のお付き合いがない場合は、不動産会社で司法書士を頼んでください。

⑤固定資産税の日割り清算

固定資産税は1月1日時点での所有者が払いますので、固定資産税を365日で割って物件決済日から後の日数分の固定資産税額を売主に払います。

⑥家賃の清算（あれば）

これは、売主が前《まえ》家賃として家賃をもらっていた場合、売主から買主に払われます。

決済は、不動産会社や売主の銀行（融資を受ける場合は買主が融資を受ける銀行の支店）など、さまざまです。あなた、仲介業者、司法書士、保険業者、売主など勢ぞろいして行われる晴れがましい？ 場です。

ここでの注意点は、すべての清算時に、領収書をもらうことです。売主、仲介、司法書士、保険業者などたくさんの支払いがありますので、かなりごちゃごちゃしますが、すべての領収書がそろっているか確認してください。

私も何十回と決済を経験していますが、3棟のアパートと5筆《ひっ》の土地をいっぺんに売ったとき、清算後なぜか数百万円もの差額があると買主が主張し、1時間くらい大騒ぎになったことがあります。

このようなことにならないよう、**仲介業者に「費用の明細書」を事前にもらう**と安心です。この明細書どおりに領収書をもらっているかチェックすれば漏れがありません。

ステップⅦ　登記完了（&抵当権設定）

不動産の登記手続きを司法書士が行い、1週間程度であなたの名前が入った権利証が届きますので、家で一番安全な場所にしまって完了です。銀行融資を使う場合は、「抵当権設定」（融資を返済しなかったらその物件を差し押さえできる権利）を登記しますが、今回は必要ありません。全額自己資金の売買では、登記した瞬間からあなたの物件です。

●契約の流れ７つのステップのまとめ

☑ Ⅰ「買付証明」

仲介会社にファックスする。

☑ Ⅱ　重要事項の説明

「その他」や「備考」などに書かれる「特約」には特に注意。

また、物件状況確認書や付帯設備表も必ず確認。

☑ Ⅲ　売買契約

ここでも特約に注意。当日のもちものは次のとおり。

・手付金・・・現金でも、通帳＆通帳印でも大丈夫。

・収入印紙代

・印鑑・・・実印（印鑑証明と同じ印鑑）

・本人を確認できるもの（運転免許証など）

・（仲介業者によっては、仲介料の半額のお金）

完全に納得できたら、住所（番地まで省略しないできちんと書く）氏名を書いて押印して終わり。

☑ Ⅳ　手付金の支払い

基本、物件価格の１割～２割程度。ただ、今回は手付抜きの全額支払いの可能性。

☑ Ⅴ（金銭消費貸借契約）

今回は融資がないので無し。

☑ Ⅵ　残りの代金の支払い＆諸費用の支払い、登記手続き、保険加入

必ず、領収書をもらってください。

☑ Ⅶ　登記完了（＆抵当権設定）。

登記した瞬間からあなたの物件。

契約書が理解できるかどうしても不安な人へのヒント

ひととおり説明しましたが、全然分からないという方も、宅建士が丁寧に説明してくれるので安心です。前日の夜も余裕で寝てＯＫです。

それでも不安！　という方は、まず売買契約書、重要事項説明書の右下を見てください。「不動産流通経営協会（ＦＲＫ）」「全国宅地建物取引業協会」「全日本不動産協会」などと団体の名前が書かれているか見るのです。条文は書きかけ可能なので、１００％とは言えませんが、こういった名前があれば、「条文内容はおおむね問題はなさそうかな」と考えるヒントにはなります

すべての条文が大切ですが、特約やその他の項目、物件状況告知書は、必ずすべて確認して理解しましょう。

結論⑤

1 まず資金を用意しよう。資金は物件価格＋諸費用1割。土地と建物の代金は、固定資産評価額に比例して案分すると安心。

2 契約までの7つのステップはまとめを参照

3 不動産売買契約書が理解できるかどうしても不安な人は、売買契約書、重要事項説明書の左下を見て業界団体の名前があるかチェック。最低限、特約やその他の項目、物件状況告知書は、必ずすべて理解すること。

column5

はじめての売買契約

今でこそ売買契約なんてただの処理ですが、以前は売買契約の際はどきどきしたものです。

札幌市のアパートを買ったときは、売主に事情あって手付金600万円を現金で指定してきたのです。当日では不安なので前日に用意したのですが、600万円なんて現金、どこにしまおうか困って、結局、袋に入れて、米びつのコメにつっこみました！

米びつはお勧めです。だれもそこに600万円入っていると気づかないことでしょう！　米くさくなるかもしれませんが･･･

売買契約では嬉しいハプニングも起こります。条件の確認中、購入しようとしているアパートの入居者が、売主の別の土地に駐車していることが分かりました。

それが分かった売主、「(その土地がないと駐車できずに）入居者困るだろ！」

と言って、40坪タダで私にくれました！　坪10万円程度でしたので、400万円くらいのサプライズプレゼントでした。

売買契約、いろいろありすぎますので、注意が必要です！

第6章

ステップ4
物件をどう経営する？

悪い物件は、ない。あるのは、悪い管理だけ

不動産業に携わっていると、いい物件、悪い物件という言葉を耳にしますが、私はこの分け方が嫌いです。確かに、いい物件はあります。立地がいい物件、設備や建物がいい物件、入居がいい物件ということは分かります。

しかし、私は悪い物件を見たことがありません。

私がはじめて物件を所有したのは、北海道の室蘭市という、かつて人口減少率全国ワースト1を記録した地方都市に建つ、18戸3階建鉄骨の物件でした。所有当時18戸中半分の9戸が空室で、風呂がついていませんでした。私は、風呂を付け、1年で満室にしました。

私が事業に失敗したあと、そのどん底からはい上がるきっかけとなったのは、北海道小樽市の、崖の中腹に建つ破産会社の物件でした。3棟34戸のうち、25戸は空室のボロ物件でした。部屋には逆流した汚水の跡があったり、工事途中でトイレがすっぽり取られてな

かったり、視察時はびっくりの連続でしたが、協力者のおかげで今は満室です。

こうした物件は地方、それも北海道の人口減少都市にある、ガラガラボロボロの物件です。地方×ガラボロという、悪い条件物件ですら、満室の高収益物件に生まれ変わることを、私は見てきました。どんな悪い物件でも、管理さえきちんとすれば、灰をかぶった下女が、シンデレラのように生まれ変わるのです。

悪い物件はないのです。悪い管理があるだけなのです。

シンデレラには魔法が必要でしたが、悪い管理物件を変身させるのには魔法も、高度な知識も、豊富な経験もいりません。

基本的に、あなたは不動産経営では王様でよいのです。優秀な家臣、特に直接関係が深い管理会社、賃貸仲介、修理業者とのかかわり方が重要なのです。あなたがサラリーマンのままで、遠方でも、不動産経営できるためには、プロとの付き合いにこそ学ぶべきです。では、具体的な付き合い方を紹介していきます。

管理会社との付き合い方は王様と執事

サラリーマンのままで、遠方でも、不動産経営ができるのは、日常の不動産の仕事をすべてやってくれるプロがいるからです。

入居募集も、集金も、修理も、退去の立ち合いも、万一の事故の対応も、すべて行ってくれる執事がちゃんといるのです。管理会社と呼ばれる不動産管理業務のプロフェッショナルです。

ちなみに、**あなたの役目は王様**です。日常の不動産経営で何をしていますかと聞かれたら、私はこう答えます。「通帳とレントロールを見て、管理会社の連絡に対応する」と。基本はたったこれだけです。

通帳を見ることとは、毎月の入金額とレントロールと呼ばれる管理会社が作ってくれる毎月の送金表と合っているかの確認のためです。会社からの帰りに毎月末でもATMに行って、通帳記入をジャカジャカするだけです。

管理会社からの連絡対応は、あなたの物件に起きるさまざまな出来事（多いのは、修理、入退去など）を管理業者が連絡してくるので、決めていけばよいのです。

「入居者から洗面所排水の流れが悪いと言われたので、○○をしてもよいか」

「入居者が3月末で退去ですが、家賃募集は○万円でよいか」

こんな電話が月に一回程度かかってくるだけです。あなたは王様ですので、「よきにはからえ（それでいいですよ）」

というだけです。ただし、ここで大切なポイントが1つあります。

チーム経営こそ、不動産の命だということです。

あなたは王様ですが、家臣がいないと王国は崩壊します。その家臣を束ねる、もっとも重要な存在が管理会社です。

しかし、あなたの執事である管理会社は、修理しろ、家賃下げろなど、耳の痛いことも言ってきます。というか、管理会社からの電話でうれしいことは「入居決まりました」くらいで、あとは全部バットニュースです。

ここで、状況が悪いことを管理会社のせいにする王様がいます。

「入居が決まらないのは管理会社の力がないせいだ」

「管理会社からの修理の見積もり金額が高すぎる」

管理会社を決めたのは自分です。入居が決まらないのであれば自分で営業したり、対策を考えて管理会社の方にやってもらったりすればよいのです。修理代が高いなら自分で業者を探せばよいのです。

管理会社との信頼関係は、「あるもの」ではなく「作られるもの」です。私は信頼関係を作るためにできることを2つ提案します。

①気持ちをカタチにする

「いつもお世話になっています」

「先日の漏水ではお手数をかけました」

などと、声掛け1つでも対応が変わってきます。

また、思いをものに込めることも大切と考えています。私は北海道苫小牧市で30戸中26戸空室だった物件が住居率50％になったとき、「祝　半分！」と書いたのし紙をつけて、管理会社の全スタッフ分、箱詰めのハムをどさっと贈ったことがあります。

たとえば、管理会社に３０００円の菓子折りを持って行って、３万５０００円の入居者を決めてもらえたら、その利回りは相当なものです。贈りものだって立派な投資だと考えるようにしましょう。

②腹を割って話す

私は現在、全室空室ＲＣ４階建24戸の物件の再生を手掛けていますが、この物件の管理会社にあいさつに行ったあと、こう言いました。

「正直に言うと、この物件の借金の返済が半年後から始まる。それまでに半分でもいいから埋めてもらえないだろうか」

募集をはじめてたった１か月で半分近く、10部屋の入居が決まっています。

「お金がない」「はじめての投資だから教えてほしい」「全財産をかけた投資だから力を貸してほしい」こうした腹を割ったホンネが、信頼関係につながると私は考えています。

よい管理会社を見つける方法

ここで問題になるのが、よい管理会社の見つけ方です。特に、あなたが遠くに物件を買う場合はなおさらです。そのうえはじめての不動産経営の際には、なかなか管理会社を見つけられない状況になりがちです。

まず、いい管理会社を選ぶ最良のソースは「人」です。紹介者を頼む、または評判を聞いて頼めればベストです。

紹介者は不動産会社勤務の方でなくても結構です。建設会社、金融機関、または地元の有力者などでもよいです。不動産業は、売り情報や買い情報がなくてはやっていけません。不動産業は、情報産業でもあります。当然人脈や評判を大切にします。特にうわさがあっという間に広がる地方の不動産会社の場合はなおさらです。紹介者の顔をつぶすようなことをすれば、不動産業者自身のクビにかかってきます。

評判を聞くのは他の不動産オーナーに聞いてみるのが一番です。**不動産セミナーに積極的に参加していると、同じ地域に投資する知人が増えます**。各地にある大家さんの会に入ることもお勧めします。また、楽待や健美家などのサイトの有名コラムニストに相談することも手です。教えてくれない方もいる？　可能性はありますが、少なくとも私はたずねられたら紹介しています。

次に、どうしても紹介者がいない場合の探し方です。私はまずネットで「（物件所在の）市区町村＋不動産管理会社」などで検索してみます。するとある程度の都市でしたら複数の不動産管理会社がヒットします。

こうしてネットを使って管理戸数を増やそうとしている会社であれば、一見で問い合わせをしても「なんだおまえ？」的な他人行儀になることはないでしょう。

そのヒットした検索結果からホームページなどの情報で、管理方針や実績などをみて複数の管理会社候補を選びます。ただ、これは業者が自分で書いた「手前みそ」です。この情報だけで私は管理会社を決めません。ここからが本番です。私は次の3点を電話で管理会社に質問します。

****

電話で管理会社に問い合わせるべき3つの事項

①管理戸数と担当者の人数

基本、管理人が少ないのに管理戸数が多いと管理の手が行き届かないからです。管理の巡回状態や、管理会社の外注や委託、経理がいるかどうかなどの会社の状態でだいぶ変わってくるので、単純には比べていません。私はお付き合いしている管理会社の方に伺った管理職員1人で管理戸数400戸を1つのものさしにしています。

②管理戸数の空室率

私はこれを最重視します。入居率が高いことも大切ですが、もっとも大切なのは、管理物件の入居率を小数点以下まできちんと答えてくれるかどうかです。

③巡回回数や報告の仕方

月に1回の巡回から、毎週巡回してくれる業者、動画で物件をとってくれる業者など巡回や報告の仕方は、業者によってさまざまです。

＊＊＊＊＊＊＊＊＊＊＊＊＊＊＊＊＊＊＊＊＊＊＊＊＊＊＊＊＊＊＊＊

付き合っている管理会社がいい会社か見分ける方法

次に、付き合っている管理会社が、いい管理会社かどうかの見分け方をご紹介します。私がいい管理会社かを見極めるポイントは３つです。

①ホウレンソウ

もっとも大切にしているのは「ホウレンソウ」です。物件の報告、連絡、相談がきちんとしている会社は、本当に安心できるものです。毎月の定期巡回の結果は必ずほしい報告です。

中には、動画で物件をとって youtube にアップしてくれる業者もいますが、遠方の場合、本当にうれしいものです。また、退去時の部屋の状態も写真で報告がほしいところです。「これだけ修繕費がかかります」と請求だけくる場合が多いですが、「これだけ汚かったので」と写真付きであれば納得して対応できます。

②募集状況の報告

何店舗で募集しているか、物件に何件案内に行ってくださったかを知っておくと、対策を考えることができます。

また、いい管理会社の見極め方としては、「提案力」です。「空室が埋まらない」となったとき、**何をすればよいか教えてくれる会社は、執事を超えて「軍師」**です。さらに、あまりお金をかけないで提案してくれる「オーナー目線」だと最高です。

私が購入した駐車場のケースで、スペース的に普通車が入らない場合がありましたが、斜めに停められるようにすれば普通車でも入ると提案してくれたうえ、管理会社スタッフ数名で無料で駐車場を改良してくれたことがありました。オーナー目線の軍師級の管理会社を見つけたら、絶対に長く付き合うようにしてください。

③マージンの確認

管理会社の儲けが適正かどうかも確認しましょう。管理会社に修理をお願いすると修理業者を手配してくれますが、修理代に管理会社のマージンが乗って請求が来ます。この管理会社のマージン（手間賃）が適正であると、信頼関係が生まれます。ただし、適正か判断するのはカンタンではありません。年によって仕入れ額や修理業者の手間賃も変わるからです。

私が使っているカンタンな物差しはクロスの単価です。私の投資先は地方都市ですので、クロス単価が比較的高いですが、1㎡700円台であれば合格としています。中には、修理業者からの見積もりを添付してくれ、そこに5％の紹介料として、管理会社の利益を明確にしてくれる業者がいますが、これが一番スッキリしていて気持ちがよいです。

＊＊＊＊＊＊＊＊＊＊＊＊＊＊＊＊＊＊＊＊

賃貸業者に最速で入居を決めてもらう方法

管理会社の次にお話ししたいプロは「賃貸仲介」です。あなたの物件に入居を決めてくれる仕事をしてくれるのが賃貸仲介です。あなたの管理会社からファックスなどで募集条件などが流され、それを受けた賃貸仲介が、入居希望者を募ってくれるのです。入居の募集は他にも、管理会社が自社で入居を募集してくれる場合や、レインズという業界専用の情報共有システムに登録され、募集が広げられる場合があります。

ここで、あなたの大切な1戸にすぐ入居者を集めてくれる＝入居付してくれるために何をすればよいか3つの仕事をお教えします。

①営業

ビジネスでは当たり前の営業活動という概念が、**一部の若手のヤル気あるオーナーにしか実践されていないのが、大家業界での実態**です。これは、あなたに大チャンスです。営業を行うだけで、あなたはヤル気ある大家の一人になれるのです。

「大家の営業」は、技術0です。ただ、年に一度でも、菓子折りを持って入居募集してくれそうな、あなたの物件の近くにある賃貸仲介店に行くだけです。そして必ず「入居を決めてもらうために、やるべきことはありますか？」と、物件募集方法が今までどおりでよいか確認しましょう。

②個人の連絡先を伝える

最近の入居希望者は賢い方が多いです。「家賃が少し安くならないか」「1か月のフリーレント（1か月家賃無料）をつけてくれ」「礼金を0円にしてくれ」など、さまざまな条件を入居希望者から出される場合があります。

こうした場合、賃貸仲介の営業マンと入居希望者で即決できないと、その希望者が他の物件で決めてしまう恐れがあります。

こうならないために、携帯電話など、あなたと直接コンタクトできる体制を作っておくことです。仕事の関係でどうしても日中の携帯電話のやり取りが不可能な方は、賃貸仲介店舗と管理会社に、家賃の下限など、ＯＫしてよい入居条件を具体的に伝えておくことです。こうしておけば賃貸仲介営業マンも、自身の裁量で入居を決められるようになります。

ただし、賃貸仲介とあなたが直接決めたことは、必ずあなたから管理会社に連絡してください。「聞いてなかった」となってしまうと管理会社が困ります。

③ネット検索対応の依頼

今の入居者は賢いと告げましたが、私の賃貸仲介業者に伺うと、３割くらいの方が賃貸仲介店に来る前にネットで希望物件を選んでくるそうです。入居付もＩＴ化の時代です。**もしこのネット対応ができていないと、3割の方には、最初の入居候補にすらならない**のです。

ピカピカの新しい物件に勝つ方法

よくメディアで「不動産投資が過熱しすぎだ」「バブルの再来だ」と言われています。事実、「２０１６年の金融機関による不動産融資は（バブル期を抜き）１９７７年以来で過去最高」（日本経済新聞、２０１６年2月10日）と報じられています。人口減少が進んでいるのに、こんなに不動産投資で物件が増えていて、不動産経営は大丈夫なのでしょうか？

結論から言うと、**どんどん増えている不動産投資は、私たちには関係ありません。**増えている不動産融資は、主に２つが原因です。

1つは、不動産投資信託（REIT）向け融資の増加です。「ファンドなどの運用会社に潤沢な資金が集まり、REITの時価総額は現在、約12兆円とマイナス金利を決めたときに比べ1割増えている」（日経新聞、同）と報道されています。REITの過熱は、2020年の東京五輪をにらんだ大きな都市開発や訪日客増への期待によるものとされています。要するに、都心での高層マンションやホテル、複合ビルなどの建設が過熱しているのであって、本書とのターゲット層が異なるのです。

もう1つの不動産投資加熱の原因は、相続税対策などで、所有している土地に新築のアパートなどを建てているからです。これも本書とターゲットが異なります。

新築のピカピカ物件、設備も最新式の物件の方が人気あって、私たちのボロボロ物件は見向きもされない…ということはありません。

入居希望の内訳は、次ページ6‐1のように成り立っています。つまり、入居希望は「新しいか、古いか」だけではないのです。「新しさ」というのは、入居者の方にとって、あくまで数ある要素の1つに過ぎないということです。

● 6-1（「新しさ」は入居要素の1つにすぎない）

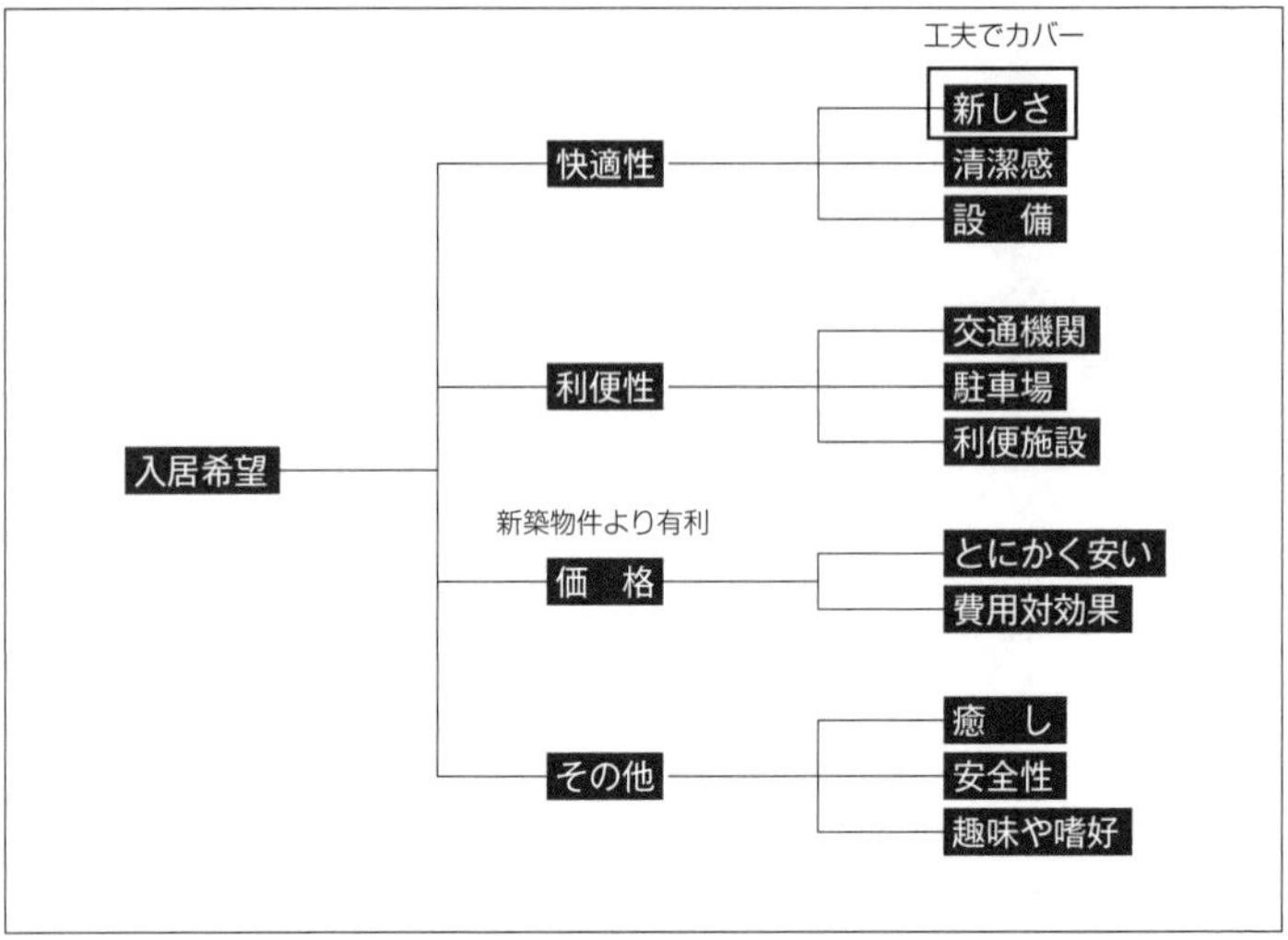

つまり、古いボロ物件でも、他の要素でカバーできる可能性が高いということです。

たとえば、古いボロ物件でも、新品のクロスで清潔感を高めることができます。壁紙で清潔感を、設備導入で快適性を高められます。そのうえ、利便性にいたっては立地次第ですので、ボロだろうが、新築と全く互角の戦いができます。

とどめに、価格にいたってはボロ物件のほうが新築物件より有利です。融資を受けて建てた物件ですから、シミュレーションどおりの家賃をもらって返済しなくてはいけません。結果、家賃を想定以下に下げることが厳しいのです。

一方、古い物件は安価に買っているため、もともと家賃を安くできるうえ、融資返済がないため、極論ですが家賃はいくらでも安くできるのです。

以上の理由から、**築古ボロ物件でも、他の要素で入居希望をカバーできます**。新築物件は、新築物件がライバルです。私たちの安くて古いけれど、家賃が安い物件のライバルではないのです。

カンタン家賃決めの2ステップ

安い物件は、設備が劣っても価格競争力という武器があることが分かりました。では、いくらで貸せばよいのでしょうか。

①ネットで家賃相場を調べる

私が実践している方法を紹介します。たとえば、千葉県市原市の物件を買うとします。ここで使うのがLIFULL HOME'Sの「家賃相場」というサイトです（http://www.homes.co.jp/chintai/price/）。ここであなたの物件がある都道府県をクリックし、市区町村と間取りを選べば、その地域にある物件が一覧、または地図で表示できます。ここでみていると、1Kで4・9万円前後となりそうです。

②現地の賃貸仲介店に相談する

次のステップは、この情報をもとにできれば現地の賃貸仲介店に行って、募集家賃を相談します。できなければ管理会社と相談したり、賃貸仲介店舗に電話したりして決めてもOKです。しかし、なるべく現地の賃貸仲介店舗に、菓子折りを1つ持って相談しにいくことをお勧めします。

ここで、市原市の八幡宿《やわたじゅく》駅周辺の相場やあなたの物件の評価をもとに、「（入居を）決めてくれる家賃」を相談するのです。もちろんあなたの希望家賃を伝えてよいのですが、**最終的には賃貸仲介の方に家賃を決めさせるのがポイント**です。家賃を提案した責任を感じてもらうのです。

● 6-2（ここでも HOME` Sの「家賃相場」が役に立つ）

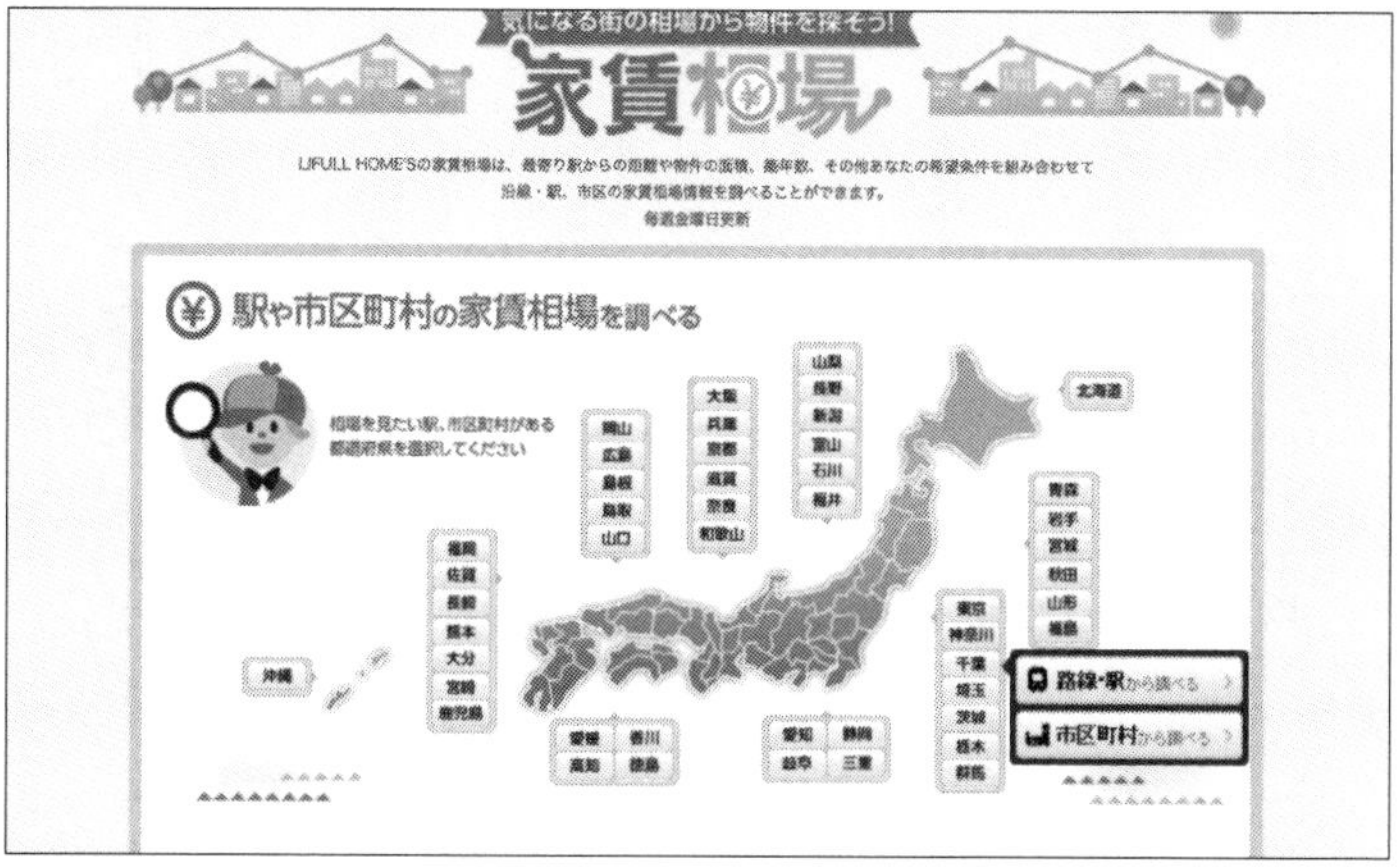

● 6-3（市原市の１K平均は 4.89 万円）

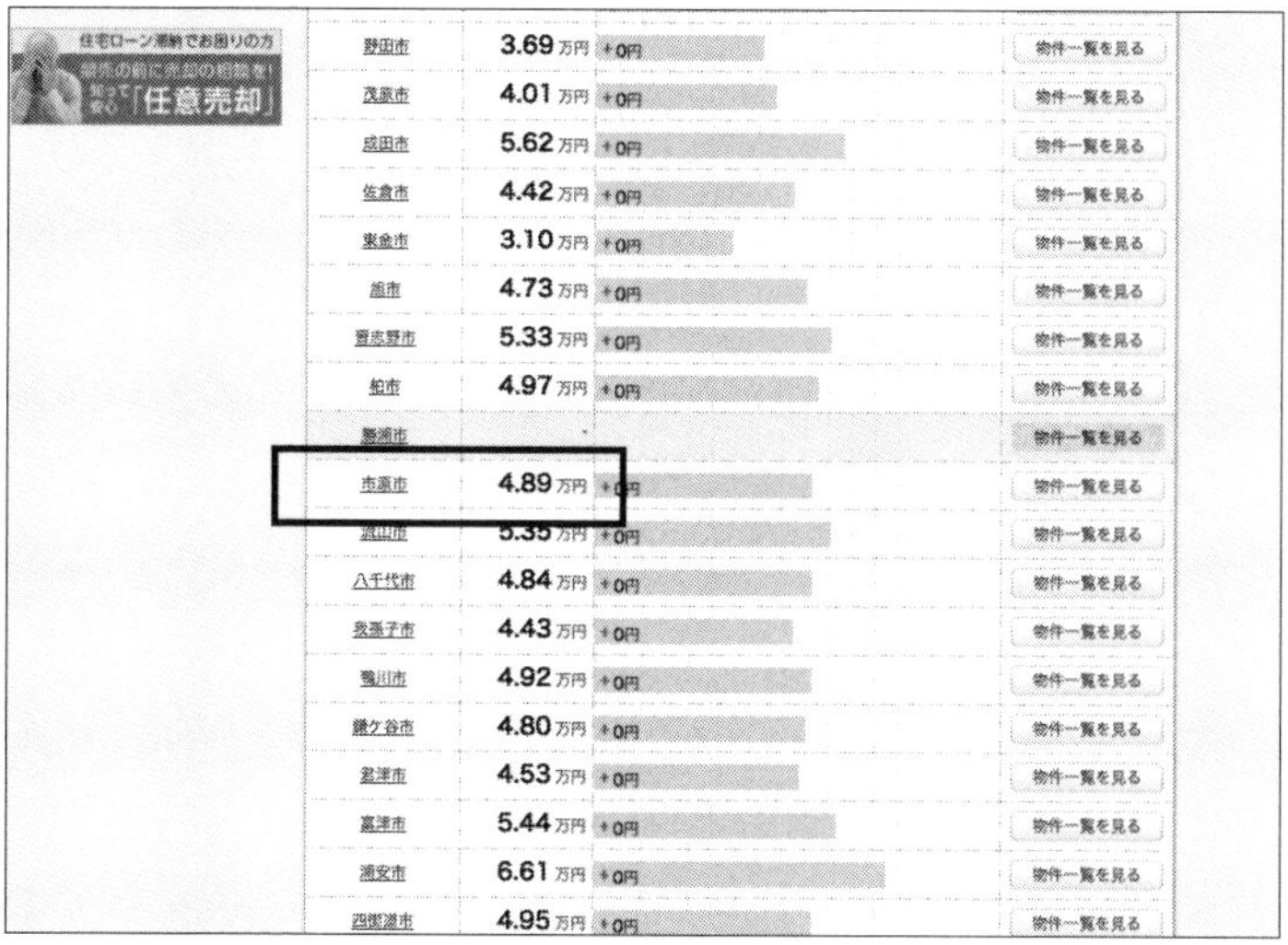

修繕に対するモノサシ

１００万円台の築が古く安い物件を買うと、どこもかしこも直したくなり、予算は膨大になってしまいます。しかし、まず修繕で大切なのは、修繕費にいくらまでかけられるかです。

目安として、修繕費込みで利回り15％を確保できるかどうかで考えます。たとえば、１ＤＫ１戸のマンションを買うとした場合の利回りの計算の仕方です。

３万円で貸せるとすると、想定家賃年収は36万円です。この年収を期待利回り15％＝０・15で割り算します。すると、２４０万円という数字がでます。**これが、物件価格と修繕費を合わせた「利回り15％を達成するための、物件にかけていい予算額」**となります。たとえば、この物件が１９０万円だったとすれば、かけてよい修繕費の予算は50万円ということなのです。こうして出た予算内で、優先順位が高い順から直すようにするのです。

＊＊＊＊＊＊＊＊＊＊＊＊＊＊＊＊＊＊＊＊＊＊＊＊＊＊＊＊＊＊＊＊＊＊

最低限取り組みたい修繕

○壁紙

どんなに古い部屋でも、壁が真っ白でピカピカだと印象をアップできます。業者に頼んでもクロス単価は600~800円程度で十分可能です（ただし、クロス単価が安くても下地や養生代で別に費用がかかっている場合があるので注意！）。**1Kなら5万円程度、3LDKの1戸建てでも15万円**あればできます。

○トイレ

トイレの壁紙、床、天井はきれいでも全部張替えます。一式合わせても1万5000円程度です。ウォシュレットもつけます。コンセントがトイレにあれば、電源工事も不要ですので部材費込みで2万円程度です。

○照明

最低でもリモコン付きシーリングに交換します。カンタンですので自分でもできますが、

「ひっかけシーリングソケット」になっていないと電気工事が必要になってしまいます。基本1万～1万5000円（自分でやれば6000円程度）です。

○その他

網戸（1枚1万円～自分でやれば1000円で十分です）や換気扇、建具、給排水など最低限必要な修繕を1部屋当たり数万円とします。

よって、私は状態がいい物件の場合でも、**買ったとき空室であれば修繕費で最低でも15万円**はかかると考えます。

＊＊＊＊＊＊＊＊＊＊＊＊＊＊＊＊＊＊＊＊＊＊

できれば取り組みたい修繕

○床

クッションフロアで十分です。業者でもだいたい1500円程度で、1Kですと2万～3万円程度で見ます。最近は明るい白系が人気です。

○シングルレバーの混合栓やシャワーカラン

特に台所や浴室が古い場合は行います。**金属部分がピカピカだと目線がそちらに引き付けられます**（フォーカルポイントといいます）。

○台所やシャンプードレッサー

これも資金に余裕があるのであれば優先的にやります。やはり、水回りが重要です。価格は仕様によります。慣れてきたら自分で付けられます。シャンプードレッサーは2万円程度からあります。キッチンは公団型という仕様であれば4万円で買えます。ガステーブルも買うとすると7万円程度です。

また、キッチンは新品にしなくてもダイノックシートなどを張るだけで、印象をぐっと向上できます。キッチン全面張替えでも1万円で買えます。

業者に頼むと手間賃や廃材処分代がかかりますが、それでも新品のキッチンを買うより張替えの方が3分の1程度の費用でできます。

○その他

ドアチャイムや台所照明、玄関灯や玄関ドアの張替えなどもやればやるだけ効果的です。状態を見て、自分が住むなら気になるかどうかも1つの目安です。

＊＊＊＊＊＊＊＊＊＊＊＊＊＊＊＊＊＊＊＊＊

「できれば取り組みたい修繕」をやるかどうかは迷うところです。ちなみに私の場合、今まで**排水工事やトイレ設置など大規模な設備工事を入れた場合でも50万円がマックス**です。**リフォーム費用は15〜50万円が目安**です。

あなたのパートナーである管理会社や賃貸仲介店舗の方と真剣に話し合い、やる・やらないを決めて正確な見積もりを出してください。また、不動産を買うときは、必ず管理会社や修繕業者と物件を見に行きましょう。

で、結局、どれだけ儲かるのか？

● 6-4（諸経費や税金を入れると利回りはかなり下がる）

買う時にかかる費用（イニシャルコスト）	
購入価格	150万円
買う時の諸費用	15万円（1割）
修繕	最低15万円
合計費用	180万円

経営してかかるお金（ランニングコスト）	
月収	30000円
管理費	1500円
手取り年収	342000円
税金	20000円程度
最終的な年収	320000円程度

ここからさらに1割引く ⟶ 最終的な年収 320000円程度

このように、修繕費などで不動産購入価格以外にもお金がかかるものです。

たとえば、150万円で家賃3万円の不動産を買った場合は、6-4左表のとおりになります。150万円で**利回り24%**（家賃年収36万円÷150万円=24%）**の高利回りの物件でも、諸費用や修繕、毎月の管理費、税金などすべての費用を引くと、実際の利回りは17%**（最終的な年収32万円÷180万円=17.7%）程度です。

そして**空室時のことも考え、私はさらに収入を1割削って考える**ようにして、安全に投資するよう気をつけています。

6-4右表でいうなら、32万円の最終的な年収から３万２０００円を引いて、29万円程度の試算とします。そのうえで利回りを計算すると、約15％（28万８０００円÷１８０万＝15・５％）となります。

理想の経営状態だけを想定してシミュレーションを行うのは危険です。リスクも想定したうえで計算するようにしましょう。

結論⑥

1 買ったあとで行う仕事

・管理会社を決める。できれば紹介をもらう。いい管理会社かどうかは自分でチェックする。
・物件近くの賃貸仲介店舗に菓子折りを持ってあいさつ（家賃の相場などを聞き、あなたの物件の家賃を相談）。

2 毎月行う仕事

・管理会社からの電話の対応、月に1回～数回程度です。入退去、修理の相談がほとんどです。
・通帳を見る。送金をチェックしてください。
・管理会社から毎月送られてくる「家賃送金表」をファイルする。
・万一の事故（水漏れや火災など）には保険会社に連絡を。必ず写真を撮ってもらい、見積もりを頼みましょう。

3 年に1回の仕事

・賃貸仲介店舗にあいさつして、物件の営業を行う。
・自分の物件を見に行く。状態が荒れたりしていないか確認を。

column6

管理会社はつらいよ

不動産を経営していて、多いトラブルの１つが「家賃の滞納」です。この解決に頑張ってくださるのが管理会社です。管理会社に勤めていると、いろいろな滞納者との戦い？　があるそうです。

ちなみに生活保護者の方の滞納は、ほとんどありません。もし滞納すると市役所でも指導してくれるからです。中には、保護給付金が渡される市役所に張り込んでまで、家賃を回収してくれる頼りになるスタッフもいます。

いずれにせよ、収入の多い少ないにかかわらず、どうしてもだらしない人はいるもので、何度催促しても払ってくれない場合、家の前に張り込んで入居者の帰りを待つそうです。

しかし、滞納者もつわもの。滞納者の帰宅時すかさずスタッフが駆け付け、
「○○さんですね！　家賃をいただきに上がりました！」
「今、お金持っていません！」
「サイフの中にある分だけでも払ってください！」
「そこで落としました！」

失礼ですが、子どものような言い訳炸裂です。管理会社って、たいへんですね。

第7章

ステップ5
物件をどう売る？

不動産投資の利益は、売却で確定する

この本では、自分の月収＋50万円を産み出す不動産を「手に入れる」方法を書いてきましたが、なぜ、「手放す」方法にも触れる必要があるのでしょうか？

それは、**不動産の利益は、売却することで確定する**からです。

儲かっていても、修理費で大きく利益を損なう可能性は0ではありません。しかし、もし利益を損なったとしても、売却で切り抜けられれば、あなたの利益に傷をつけずに済むのです。いざというときの「出口戦略」として、売却を知っておくことは、あなたのたくわえを守ることにつながるのです。

100万円台の物件って売れるの？

売却を知っておくとよいよと言われても、古い物件が売れるの？　と心配されるかもしれませんが、売れます。

「爆安ボロ物件は売れる」と確信を持っておくと、安心して不動産を持つことができます。まず、「100万円台の不動産は売れるか」と本州関東、東北、北海道の不動産業者に伺ったところ、異口同音に「もし100万円台の一軒家が出たらすぐ売れる」「ネットに掲載するまでもなく売れる」と答えてくれました。

人口1万人台の町村の不動産会社にも取材しましたが、「昨日たまたま物件情報を店先に掲示したが、すでに今日見に来たいというお客がいた」とのことでした。

マンションのほうも「楽待」人気物件ランキング（2017年6月10日調）によると、区分マンションランキング20位までのうち、実に9件とほぼ半分が100万円から200万円台でした。このように**低価格物件は反響がよい**ことが分かります。どんなにボロでも売れるのです。

では、次にボロ物件はいくらで売れればよいのでしょうか。売却相場をネットで調べる方法があります。私が使うのは「レインズ・マーケット・インフォメーション」（http://www.contract.reins.or.jp/search/displayAreaConditionBLogic.do）です。

たとえば、北海道のマンションで検索した画面が7－1です。このように、築年数と面積の単価が出てくるので、あなたと同じ条件の物件がいくらくらいで売れているか実績が分かるので安心です。

また、「ＨＯＭＥ４Ｕ」のホームページ（7－2）も、広さ別に物件売買の相場が整理されていて分かりやすいです。**これらネットで調べた相場をもとに自分で希望販売額を決めたあと、あなたがお付き合いしている不動産会社に相談してみる**のです。

売却の2つのタイミング

１００万円台の爆安物件であれば、売れる可能性は高いということはご理解いただけた

● 7-1（レインズは築年数と面積の単価が分かる）

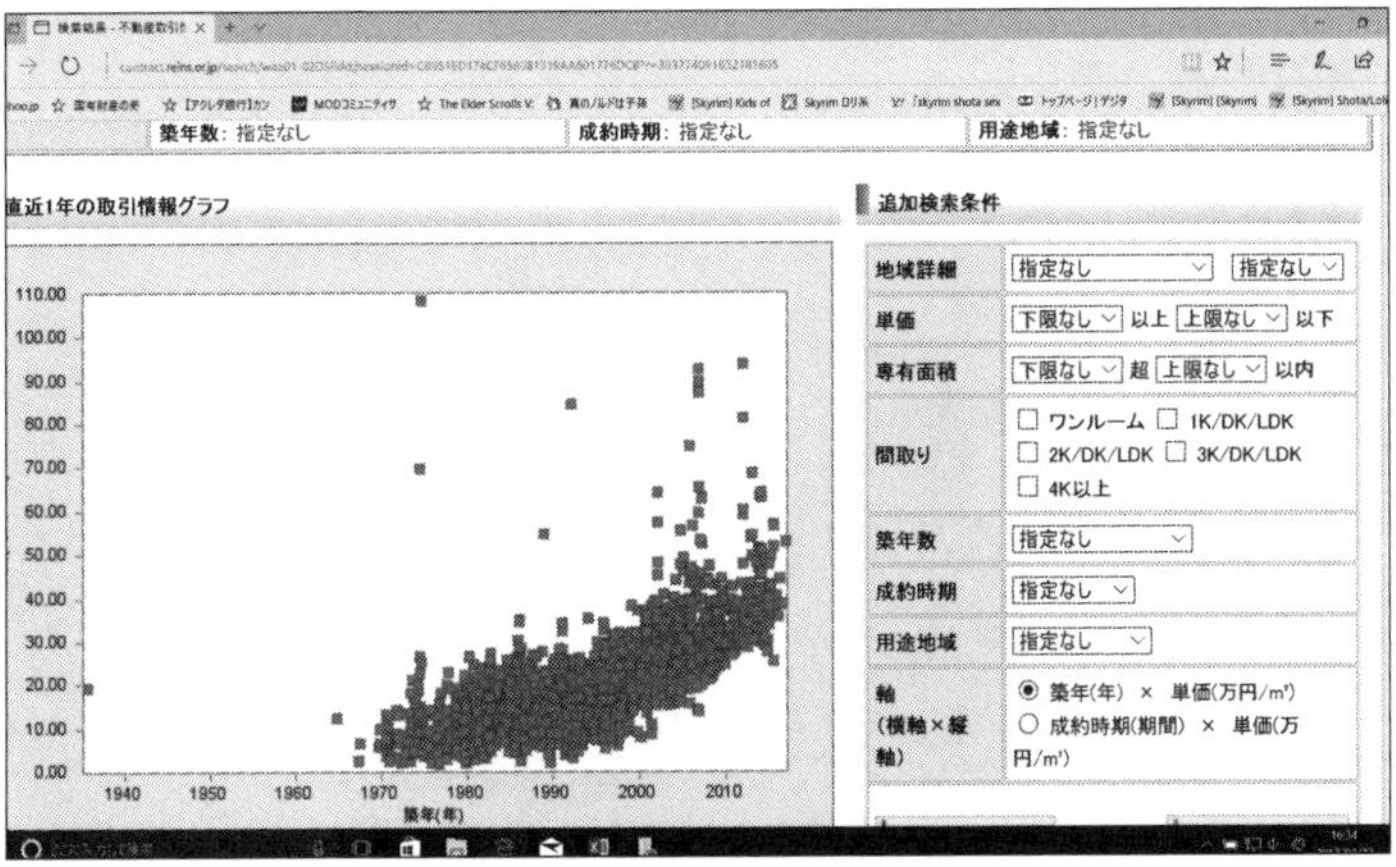

● 7-2（HOME4U は広さ別に売買相場が分かる）

と思います。では、いつ売ればよいでしょうか。難しいテーマですが、押さえておくべき売却タイミングは2つです。

①大規模な修理が必要になった
②減価償却が終わって税金が高くなった

ただ、数千万円超の物件の場合②が重要になってきますが、本書で想定している物件は100万円台の物件であり、また残債も0円で考えていますので、それほど大きな問題ではありません。

問題は①の大規模修繕が必要になった場合です。ここで、**いきなり大規模修繕にぶつかる「不動産のババ」を避けるコツ**に触れておきます。まずは、ババを引かないことが大切です。

＊＊＊＊＊＊＊＊＊＊＊＊＊＊＊＊＊＊＊＊＊＊＊＊＊

区分マンションの「ババ」を取らないコツ

まず、マンションの場合を見ていきましょう。大規模修繕とは、マンション区分所有者の共有財産である外壁、屋上防水、給・排水設備などの大規模な修理のことです。おおよそ40～50万円程度の負担が目安です。

この負担がマンションを買っていきなり来たら大変です。この**「いきなりババ」状況を防ぐためには、購入の際、仲介会社にマンションの大規模修繕歴をもらう**ことです。おおよそ10年程度が目安ですので、大規模修繕から10年以上過ぎていたら「そろそろかな？」と警戒して、費用を見込んで買うべきです。

また、大規模修繕済！　といううたい文句がある物件は、その面では安心です。さらに、仲介会社に近々で大規模修繕が予定されているか確認してもらうのも手です。あなたが個人で確認するより丁寧に教えてもらうことができます。

＊＊＊＊＊＊＊＊＊＊＊＊＊＊＊＊＊＊＊＊＊＊＊＊＊＊＊＊＊＊＊＊＊＊＊

＊＊＊＊＊＊＊＊＊＊＊＊＊＊＊＊＊＊＊＊＊＊＊＊＊

戸建て物件の「ババ」を取らないコツ

これについては、第4章の戸建て物件のチェックの仕方を参考にしてください。そこに書いたとおり、事前に物件をきちんと確認することにつきます。

ただ、そうはいっても、予想できない水漏れなどは、起きうることです。この場合は、管理会社とよく話し合い、保険適用を受ける準備が必要です。被害を具体的に押さえた写真を撮り、被害をきちんと押さえた見積もりによって、損害費用からあなたは守られます。

＊＊＊＊＊＊＊＊＊＊＊＊＊＊＊＊＊＊＊＊＊＊＊＊＊

高く売るための2つのコツ

①満室にする

必ず押さえるポイントは、「入居者がいる状態で売ること」です。今回は100万円台の不動産ですので、戸建て、もしくは区分マンションという想定になります。戸建ての場合、入居者が1世帯で満室になるので特に問題にはならないと思いますが、これがアパートなどの収益物件の際は、満室かどうかで、売る勢いが変わります。

満室ですと「この物件は入居が安定していそうだ」と、買主に映りますし、ネットサイト上でも「満室」とうたわれます。満室物件専門の絞り込み検索条件すらあるほど注目されています。さらには、融資を使う際にも、金融機関は現状の家賃収入を収益評価に反映します。

②家賃を高くして入居付けする

次に気を付けるのは、**売る前に、家賃を数千円でも高く入居させること**です。不動産の売買は、「利回り」というものさしが基本です。たとえば、150万円の物件を家賃2万5000円で貸しているとすると、年収30万円÷150万円ですので、利回りは20％です。

利回り20％というのは、不動産売買でもかなり高い利回りですので、状態と立地が悪くない限り十分に売れるでしょう。

今度はもっと家賃が高い設定の利回り20％で、売ろうと考えてみましょう。たとえば、入居付けに努力して、家賃を５０００円アップの３万円で貸していたとします。利回りは20％ですから、年収36万円÷０・２＝１８０万円です。つまり、１・２倍の値段で売れるのです。５０００円の家賃アップが、**30万円の売却効果を生むのが不動産売買の世界**なのです。

今回は1世帯の戸建てやワンルームの話ですが、これがたとえば10戸のアパートだと、影響が掛け算の世界で反映されます。10戸、家賃2万５０００円のアパートを利回り20％で売却する価格はこうなります。家賃2万５０００円×10戸×12か月÷０・２（20％の利回り）＝１５００万円となります。

次にさきほどのケースと同様、この家賃を3万円にした場合、家賃3万円×10戸×12か月÷０・２（20％の利回り）＝１８００万円となります。つまり、家賃を５０００円アップするだけで売値が３００万円も変わってしまうのです。将来のより本格的な不動産投資に向けて、売買の際の家賃の大切さを心に刻んでおきましょう。

結論⑦

1 不動産投資の利益は、売却で確定する。

2 低価格物件は反響がよい。100万円台の物件は、価格競争力を持つ、マーケティング面では優秀な物件であるので、売ることはできる。

3 大規模な修理が必要になったら、売るタイミングのサイン。保険適用で守られるには、的確な見積もりと被害が明らかになる写真撮りが大切。

4 入居者がいるときに、なるべく家賃が高い状態で売ることが、高値で売るコツ。

column7

嫁に送るつもりで物件を売る？

不動産を売るということは、娘を嫁におくるような気持ちと言ったらよいのでしょうか（すみません、イメージです）。

「このトイレの壁紙、狭い中で苦闘して張ったっけなあ」
「せっかく新品の蛇口つけて、いざ水道だしたらプシューって水漏れて腹立ったなあ」
「この管理会社、うちの物件のポスターまで作って、お店に貼ってくれたなあ」

ロマンチストなので？　こんな思いが売却時によぎります。

不動産経営から得られるものって、お金だけではないのかもしれません。

少額でも何とかしようと工夫する創造力。
入居者が決まるまで頑張る意志。
そして、さまざまな協力への感謝と思い出。

さまざまな意味において、不動産は人生を豊かにしてくれる。改めてそう思います。

第8章

5つのステップ＋α
融資をどう考える？

あなたは年収1000万円の中小企業社長より格上かも？

私がサラリーマンだった頃、創業したてではありましたが、老人福祉施設を4つも経営している事業家と知り合いました。この方が、のちに私がサラリーマンから起業家となるきっかけをくれたのですが、この社長は社長椅子に座って、いつもこう言っていました。

「俺より、サラリーマンの広之内さんのほうが、銀行の属性評価高いよ」

その社長の自宅に行ったこともありますが、とんでもない豪邸で、お金回りもよさそうです。こんな社長に、「あなたのほうが銀行の属性評価が高い」といわれても信じられませんでした。

金融機関が使う「属性」というのは、個人の信用情報（ローンの延滞など）、勤務先や収入など、その人の信用を裏付ける情報のことです。

● **8-1**（サラリーマンの属性評価は決して悪くない）

聞き取りによる属性評価順位

推定順位	職業	理由
1位	資産家	金融資産、莫大な土地を所有する地方の旧家などは、やはり評価されるとのこと。
2位	公務員や専門職	リストラがない、専門職は定年がないことも評価されるとのこと。
3位	大手企業正社員	上場の有無、資本金の多少、社歴などあなたの会社の信用力が社員の属性にも響くとのこと。
4位	中小企業正社員	
5位	中小企業オーナー、自営業	特に創業3年未満の社長は、非常に融資が厳しいとのこと。
6位	非正規社員	いくら所得が正社員なみでも、金融機関としては評価厳しいとのこと。

都市銀行の融資経験者や地方銀行の審査担当者に聞き取りした結果を整理したのが、8-1の表です。ただし、「その方の勤続年数や実績などで大きく順位は変わります！　総合的に評価します！」と念を押されました。あくまで目安です。

また、金融機関の支店長や統轄支店の融資役席者にも複数伺いましたが、一般論として、公務員や会社員の方が、収入が確定できるという「属性上での有利点」があることは共通していました。つまり、会社員という「属性」は、金融機関に評価される「見えない財産」なのです。

審査や他の条件によって違いはありますが、会社員であるという属性を活用して融資を受ければ基本的に、年収の20倍程度の融資が可能です。あなたがもし年収500万円程度のサラリーマンなら1億円の資産は十分に手に入れられます。

会社員の属性とは、1億円の不動産を手に入れるチケットなのです。

しかし、借金という巨大な壁があります。1億円の借金なんて、奥さんは気絶するかもしれません。しかし、借金0円で不動産投資を行い、経験を積んだみなさんは、より大きな不動産経営を考えてよいと思います。そのときの為に、不動産経営に対する「借金への考え方」をいくつか紹介します。

悪い借金と、よい借金

借金には、悪い借金とよい借金があります。

借金は借金だろ！　と厳しいつっこみが入りそうですが、私は明確に整理しています。

お金を生まないものを買うのが悪い借金、お金を生むものを買うのがよい借金です。

悪い借金の代表的なのは車、家電、パソコンや携帯などがそうです。これらを買う際に使われるローンは、響きが良くても「悪い借金」です。これらは、生活を豊かにしてくれますが、懐はちっとも豊かになりません。こうした素晴らしい製品は、極力自己資金で買うべきと考えます。

一方、お金を生むものを買う借金もあります。不動産、生産設備など「投資財」とも呼ばれますが、**こうしたお金**（価値）**を産み出すものの為にお金を使うことは、「投資」**と呼びます。これらを買っても、生活は豊かになりませんが、あなたの懐を豊かにしてくれます。こうした投資を行うために、導入する借金（融資）は、「よい借金」と私は考えています。

しかし、なぜ借金してまで、投資をするのでしょうか？

昭和と平成のお金を増やす方程式の違い

借金をしてまで投資する意味について掘り下げていきます。

鉄工所のサラリーマンだった私の父は、お金の増やし方をこのように教えてくれました。

「頑張って働き、無駄遣いはしない」

労働で稼いだ収入から節約することで、お金を貯めていく。多くの方も似たようなことを教わったのではないでしょうか。この父の考え方をシンプルに図式化すると、このようになります。本書では、これを資産方程式①とします。

資産方程式①　収入ー支出＝収支

しかし、共稼ぎサラリーマン世帯の私の家にも、昭和末期バブルの風が吹き、母は貯えを株式投資に回すようになりました。「財テク」などという言葉が流行語となった昭和から平成にかけて、日本にも「運用」という考えが広まり、資産方程式には、「運用」という概念が入ったのです。

資産方程式①の「収入―支出」の部分は、自分が働いて得た収入から、自分が消費した支出を引いたものです。こうして自分でくった資本を「自己資本」と呼びます。母のはじめた資産方程式②は、次のように考えると分かりやすいでしょう。

資産方程式②　収入―支出（自己資本）×運用＝収支

しかし、平成から新元号に向かう今、私は資産方程式③を提案します。

運用で注目していただきたいのは、元手100万円より元手1000万円の方が10倍儲かるというところです。

しかし、自己資本を10倍にするには、10倍稼がなければいけません。時間も労力も必要です。そこで、借り入れという他人資本を導入して資本を充実させるのです。

資産方程式③（自己資本＋他人資本）×運用＝収支

これを資産方程式③と本書では位置付けます。

さて、本書での不動産投資は、自己資金のみで行うことを前提、つまり資産方程式②で考えてきました。しかし、**②で経験を積んだあとは、③に移ることも実は発展的な考え方**なのです。

ここで、不動産投資を資産方程式②で行った場合と、③で行った場合を比較してみましょう。

例1　資産方程式②　条件：自己資金150万円、利回り15%

150万円の不動産×利回り15%＝年間22万5000円収益

例2　資産方程式③　条件：自己資金150万円、他人資本1350万、利回り15%

（150万円＋1350万円）の不動産×利回り15%＝年間225万円収益

もちろん融資への返済がありますが、金利2％の10年返済としても、返済は年150万円程度ですので差し引き75万円程度の収益となります。

きちんと不動産経営ができる前提で考えると、資産方程式③のほうが、キャッシュベースでも3倍以上効率的なのです。

お金持ちはなぜ借金するのか？

この効率を活用しているのがお金持ちです。ここで一見不思議なデータがあります。金融広報中央委員会による「家計の金融行動に関する世論調査［二人以上世帯調査］（平成27年）」の借入金の有無についての調査結果が８－２です。なんと、もっとも借金をする割合が高いのが、年収１２００万円以上のもっともお金持ちの階層なのです。

お金持ちこそ借金するのです。

では、お金持ちは借金して何に使っているのでしょうか？

Ｐ２０２、８－３が、借入金の使い道です。

● 8-2 （なぜ 1200 万円以上の層が一番借金をするのか）

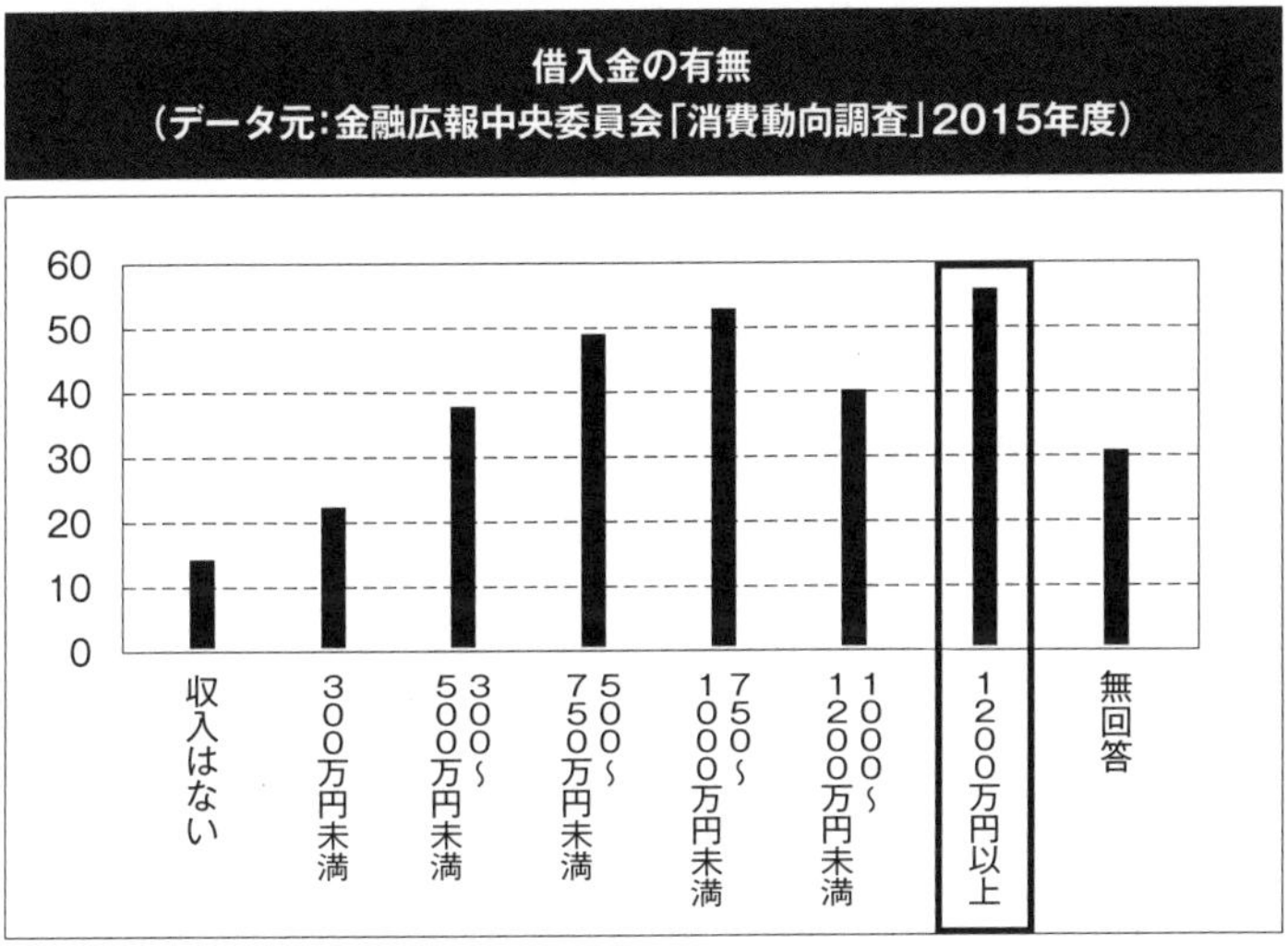

住宅が1位とくるのは他の階層と同じなのですが、使い道の2位に耐久消費財（車や家電など）と並んで、土地建物の投資資金が来ていることが他の階層と違っています。

この土地建物への投資資金だけ抜き取ったグラフ（P203、8-4）を見ると他の階層との違いが明らかです。

お金持ちは、借金して不動産などの実物資産に投資をしているのです。

● 8-3（気になるお金持ちの借金の使い道は・・・）

借入金の使い道
（データ元：金融広報中央委員会「消費動向調査」2015）

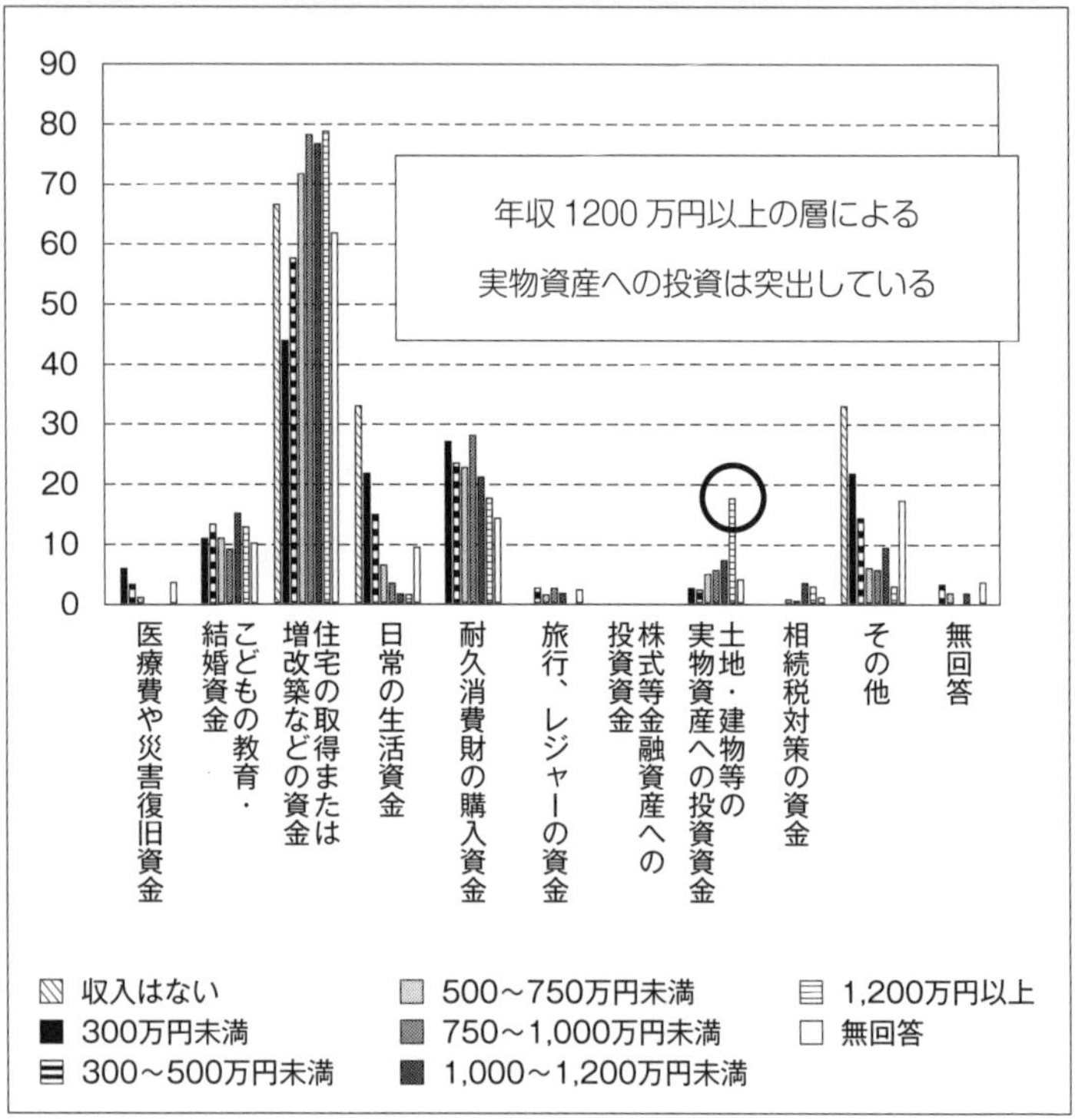

● **8-4**（お金持ちになればなるほど不動産に投資する）

借入金の使い道で「土地・建物等の実物資産への投資資金」と答えた割合
（データ元：金融広報中央委員会消費動向調査2015）

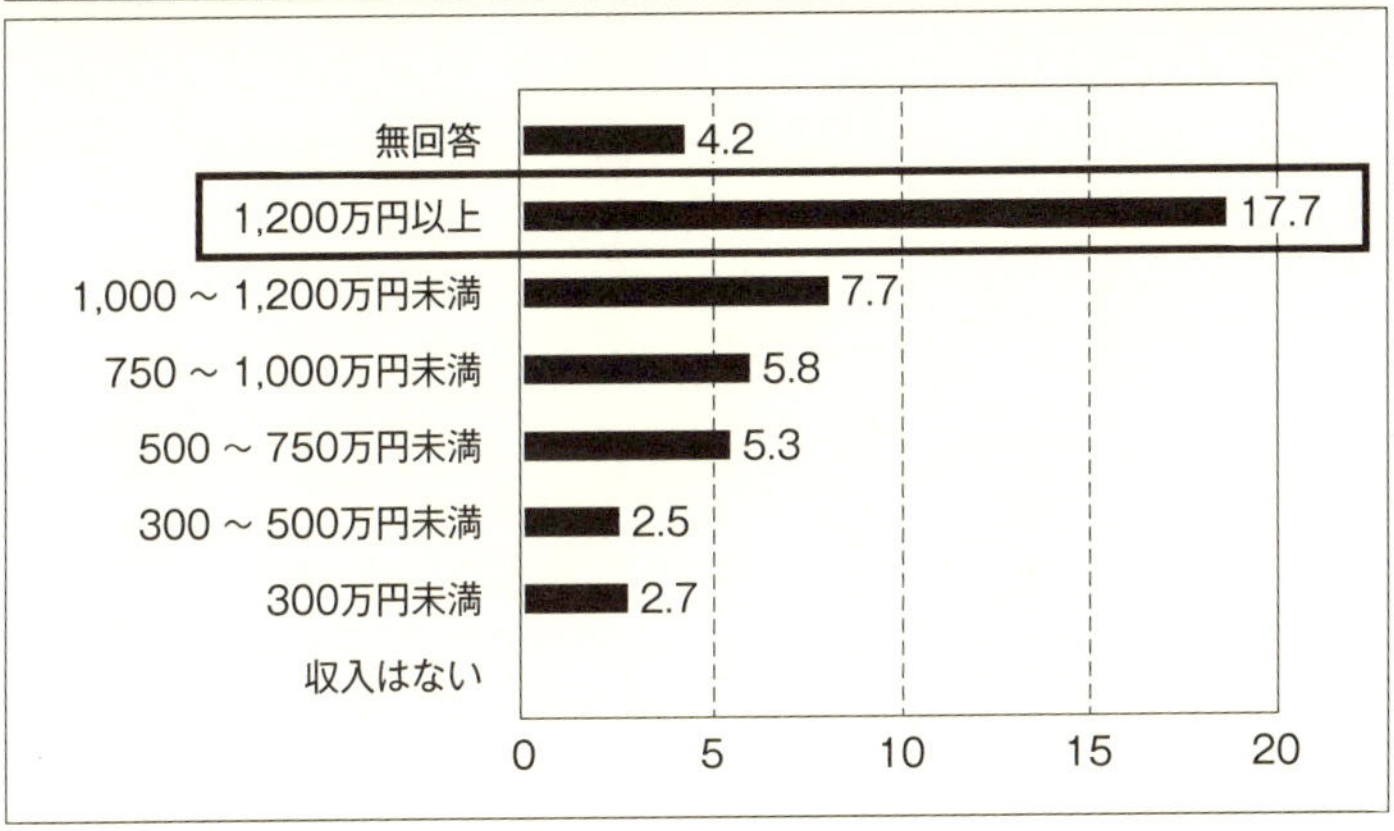

収入が上がれば上がっていくほど
借金をしてまでお金を不動産に回すようになる

他人資本が多いほどＣＣＲは上がる

お金があるのになぜ借金して投資をするか、さまざまな理由があると考えますが、ここで１つおさえておきたいのが、ＣＣＲという考え方です。ＣＣＲは、Cash On Cash Return という金融指標の略で「利益 ÷ 自己資金」で計算できます。ＣＣＲは自己資金をどれだけ早く回収できるかの目安として使われ、ＣＣＲが大きいほど早く自己資金を回収できます。

先程の例１、例２でＣＣＲを計算してみましょう。

例１　資産方程式②　条件：自己資金１５０万円、利回り15％
１５０万円の不動産×利回り15％＝年間22万５０００円収益

この場合は全額自己資金ですので、
ＣＣＲ＝22万５０００円÷１５０万円＝０・15

つまり、ＣＣＲは利回りどおり15％となります。

続いて例2を見ていきましょう。

例2　資産方程式③　条件：自己資金150万円、他人資本1350万、利回り15％

（150万円＋1350万円）の不動産×利回り15％＝225万円

この場合は、融資の返済後のお金（キャッシュフロー）を75万円と仮定すると

ＣＣＲ＝75万円÷150万円＝0・5

つまり、ＣＣＲは50％となります。

無論ここから税金が引かれますし、借金しているのでデフォルトリスクはありますが、きちんと経営できる前提で考えれば、計算上たった2年で自己の投資資金150万円が回収できるのです。

例1の自己資金のみで投資をした場合、ＣＣＲは15％ですから、計算上の自己資金回収

時間は6～7年となります。それに対して例2は、6～7年の返済期間をたった2年に短縮しています。

ですから、**借金するということは、投資したお金の回収期間を短くする、いわば、借金で時間を買ったようなもの**なのです。お金持ちは、借金を活用し、効率的にお金を得ているのです。

自己資金が少ないと、どうしても効率の面で劣りますし、買える不動産にも限りがあります。経験を積んだあとは、融資を受け効率的に投資することも、発展的な考えです。

不動産投資は、「他人のお金」でできる投資

「コラム」にも書きましたが、私ははじめ、借金が恐怖でした。最初に1400万円の中古アパートを買ったのも、月々の返済が12万円程度だったので、これなら融資を受けても共稼ぎで支払っていけると思ったからです。

しかし、考えてください。返済は確かに自分名義ですが、その原資は、入居者のお金です。つまり、あなたの物件の借金は、他人（入居者）が返してくれるのです。

さらに、そもそも不動産を買うお金だって、自己資金以外は他人（銀行）のお金です。つまり、**不動産投資というのは、自分の物件を、他人のお金で買い、支払いも他人がしてくれる「できすぎの投資」**なのです。

他人のふんどし的投資が可能なのは、不動産投資が株式や債券などの金融商品でなく、不動産という実物投資であることが大きな要因です。他人資本の導入で、自己資金の何倍もの投資効果を得ることをレバレッジといいますが、このレバレッジ効果こそ不動産投資の最大の果実の1つです。

もちろん、私自身も借金の怖さは身を以って知っています。だからはじめから巨額の融資を受けて不動産投資をすることに抵抗を感じるのは、当たり前だと思っています。

しかし、実際にステップ1～5を踏み、経験を積んだあなたはもう立派な投資家です。

1章の複利投資で、ずっと借金0を継続して月収をアップし続けことはできますが、いかんせん時間がかかります。

一方、融資を使えば属性にもよりますが、数年で50万円生活を達成することも可能です。どちらを選ぶかは自由ですが、経験を積んだあなたには、融資を使ってさらに効率よく羽ばたいてほしい！　と私は思っています。

結論⑧

1 サラリーマンの属性は決して悪くない。中小企業の社長より融資を受けられる可能性は高い。年収500万円のサラリーマンなら1億円の融資は十分に可能。

2 借金には、悪い借金とよい借金がある。投資を行うために、導入する借金（融資）は、「よい借金」と考える。

3 融資ありの不動産投資は、（自己資本＋他人資本）×運用。

4 借金するということは、投資したお金の回収期間を短くする、いわば、借金で時間を買ったようなもの。お金持ちは、借金を活用し、効率的にお金を得ている。

column8

融資に踏み切る人の資質

私の周りのサラリーマン投資家になぜ大きな借金（融資）を決断できたかたずねると、理由はバラバラですが、共通している資質は２つあると思います。１つは、責任感。大したことのない理由からはじめても、必ず最後までやり遂げるという点は、１億の資産を築く人に共通です。

もう１つは、「人の話を信用する」ところです。だまされない姿勢は大切ですが、結局、他人を信じられる度量・度胸がなくては、お金から人生を解放することはできません。なぜなら、自分だけの力で、今までにない収入源を得ることはできないからです（自分だけでできるなら、とっくに収入源があるはずです）。かならず、どこかで人の力を頼らなくてはいけません。

私は楽待や他の投資家と懇意にさせていただいていますが、みんな明るく、謙虚です。我が国のボロ物件の先駆者である加藤ひろゆきさんなどは、会ったその瞬間に携帯番号を教えて下さったほどです（笑）。

人の力を借りて資産を築いたからこそ、成功している不動産投資家は、世話好きでもあります。「なぜ、いい売買物件を人に教えるのですか？」と聞かれたことがありますが、自分もかつて教えてもらって資産家になれたからかもしれません。

私も、この本の出版を機に、お休みしていた「サラリーマン１億円倶楽部」を復活させることにしました。ただし、本気でお世話できる人数として１００名様限定とします。

１００人のサラリーマンを、資産１億円にする

普通の人が当たり前に幸せになる社会を作ることが、私の使命です。どうか、あなたの人生が、さらに自由になれる手助けができますように。

この本で一番告げたかったこと
それは、やればできるということなのです

上を向くだけで、人生は変わる

場末のスナックで、サラリーマンの友人と飲んでいたときのことです。アパート経営の話になり、何げなく私がこう言いました。

「おれはアパートがあるから、家族を守れる。もし子どもが生まれて、その子が心臓病になっても、おれはアパート1棟売ればその子の命を救える」

すると、その友人も急にドンとお酒を机に置いて、こう言ったのです。

「よし俺もアパート、買った！」

そのスピード決断にはびっくりしましたが、このとき分かったことがあります。

不動産投資の怖さは、家族のためにになら、乗り越えられる。

自分の為にではなく、家族のために、と見方を変えて不動産に挑戦し、その友人は今では資産1億5000万円の不動産オーナーです。

見方を変えれば人生が変わる。私もそうでした。

私が7000万円も失敗したことは、序章で書いたとおりです。情けない話ですが、実はもう1つ大失敗の可能性があったのです。

私が起業時に借りていた宿の契約書には、借り賃が月額

130万円と書いてあったのですが、最初の半年間は借り賃を半額にすると書いてありました。しかし、半額の借り賃すら、頼みの綱のカードローン250万円の枠も限界になるくらい借金して払う状態でした。

4月の開業から半年たった2008年9月21日、午後1時13分。

私の誕生日のお祝いに、起業後はじめて1泊旅行に行く途中、高台にあるコンビニの駐車場に車を停めました。

ここで1つの決心をしました。

来月から借り賃が倍になる。絶対に経営していけなくなる。借り賃の据え置きをオーナーにお願いしてみよう。それがだめなら、もうあきらめよう。悩みながら旅行はしたくない。今、電話してみよう。電話に出たオーナーは、しぶしぶながらこう言ってくれたのです。

「そんならそれでええですわ」

はじめは狂気乱舞しましたが、そのあと何度催促してもオーナーは契約書を直してくれませんでした。交わしたのは口約束です。

しかし、当時の私はその口約束を信じるしかありません。いやな予感を抱えつつ、半額分の家賃を毎月振り込んでいました。

そして、宿がようやく軌道に乗った、２００９年12月、納めるべき家賃の半額分しか振り込まれていないとして弁護士から通知が届いたのです。

契約解除を求められるだけでなく、慰謝料も入れて請求額は4000万円を超えました。当然、納得できない私は逆に、「契約解除なら敷金1300万円を返してほしい」と訴え、民事裁判になったのです。

ところが大阪の弁護士会館で、私の弁護士は、私の顔を見た瞬間、

「この裁判、負けスジですわ」

と告げました。

それはそうです。家賃半額は口約束、一方契約書には「半年後には倍にする」と書いてあるのですから。

それからさらに半年後の2009年8月、初裁判が迫ってきました。

しかし前日になっても、私は裁判で戦うための唯一の武

器を見つけられずにいました。当然あると思っていた敷金1300万円の領収書が見つからないのです。1000万を超す領収書を、なんと私は紛失してしまったのです。もう私は途方に暮れ、半ばあきらめていました。どうせ、負ける裁判ですから。

ただ、裁判に向かう前日、いつも親身になってくださった元オリンピック選手の方に挨拶に行ったとき、秘書の方から全く唐突に、まるで運命みたいに言われたのです。

「人間、限界まで頑張れば、必ず奇跡が起きるんです」

空港に向かうため家を出ようとしていましたが、急にこの言葉が気になりました。この言葉が、私の見方を変えました。ダメもとでも、全力を尽くそう。そのためには、あの領収書がいる。

あわてて家に戻り、部屋をぐちゃぐちゃにして探しました。妻にも頼み、一緒に探しだしました。

もう空港行のバスはとっくに行ってしまい、車でも限界の時間が来ました。あと1分だけ、あとあの引き出しだけでも・・・

とうとう本当に時間の限界が来ました。「もういい！いくぞ」私は車の鍵を握りチャラチャラいわせながら怒鳴りました。

そのとき、同居している私の両親の部屋までぐちゃぐちゃにしていた妻が、

「これみて！！」

と叫びながら投げつけた白い封筒。

中を見ると「¥130、000、00」社印までしっかりついた領収書が入っていたのです。

裁判は、この領収書と、打って変わってドラマのように論理を駆使する天才化した私の弁護士の活躍で、見事勝訴したのでした。

あきらめるか、戦うか、前日のたった一瞬の出会いの一言が、見方を変え、人生を変えたのです。

この大阪の弁護士とはじめて会ったときの別れ際、最後にこんなことを私に言いました。

弁護士をしていると
みんな「人生もう終わり」という顔をしてやってくる。

逮捕されたのがばれたら、会社クビになる。
あのお金が返ってこなかったら、会社は倒産。

でも、実は「天下無敵の無一文」という言葉がある。

広之内さん。裁判に負けたらどうなるか知っていますか？
「4000万円支払え」と書かれた紙1枚もらうだけです。

みんな裁判に負けたら人生終わりというがそうではない。
それより、上を向いて生きなさい。
みんなそんなことできないという。
でもできるんですよ。
首をこう、くいっと上げればいいんです。
上を向いて生きなさい。

この本で一番告げたかったこと。

それは、やればできるということなのです。首を上げる、つまり見方を変えるだけでいいのです。

私たちは、今いる場所がどんなに苦しくても、成功することができるのです。

いつか成功できる。そう思うなら、覚悟を決めて、いま成功のための行動を起こしませんか?

まず、借金0円で不動産を買うことからはじめましょう。

そして、あなたと家族を守りましょう。

この本を手にした偶然を、運命に変えるかどうかは、あなたに任されているのです。

ここまで読んでくださり、ありがとうございました。

本書があなたの人生を自由にする一助になれば幸いです。

2017年8月

広之内 友輝

『貯金100万円から月収50万円生活』

購入者限定特典のお知らせ

楽待
新企画

「空き家再生人・広之内友輝が、
あなたのボロ物件に突撃!!」にて
(http://www.rakumachi.jp/news/hironouchi)

「私の空室どうにかして！」

と空室・空き家を持てあましている大家を大募集中！

本書を、書店またはオンラインで購入してくれた読者に限り
上記企画に応募が可能になっています。
「なかなか空室が埋まらない」
「購入したはいいが、何からはじめていいか分からない」
「持ち続けるべきか、売るべきか悩んでいる」
などの悩める大家に抽選で
空き家再生人・広之内友輝が、あなたの物件に突撃し、
客付けやリフォームの方法を具体的にアドバイスします。

応募をご希望の方は

▼

楽待 空き家再生人　［検索］

検索したページを下にスクロールすると
【応募フォーム】リンクがありますので
「お名前」「メールアドレス」「相談内容」等をご記入ください。
当選された方のみご連絡させていただきます。

応募は予告なく、終了することがあります。
お申し込みはお早めに！

応募方法はオンライン限定になります。
インターネット環境を持たない方は応募対象外になりますのでご了承ください。

広之内 友輝（ひろのうち・ともき）

空き家再生人。1973年北海道生まれ。

サラリーマンから起業し7000万円もの失敗を犯すも、地方×格安の「ガラガラボロボロ」物件で復活。日本、カナダやカンボジアでの総投資額10億800万円、現有不動産計26棟306戸を平均利回り16.2％の高利回りで運用（2017年現在）。

年収1000万円以下サラリーマン限定の「サラリーマン１億円倶楽部」では、2万4000人のメール会員から選ばれた22人のサラリーマンを資産1億円に導く。

物件数日本最大の不動産投資サイト「楽待」を代表する8人の投資家による「8つの戦略2015」DVD出演。J - WAVEや各種メディア出演、講演多数。

貯金《ちょきん》100万円《まんえん》から月収《げっしゅう》50万円生活《まんえんせいかつ》
はじめての人《ひと》が地方《ちほう》×格安《かくやす》不動産《ふどうさん》でお金《かね》の自由《じゆう》を手《て》に入《い》れる5《いつ》つのステップ

2017年9月21日　初版発行

著者　広之内友輝
発行者　常塚嘉明
発行所　株式会社 ぱる出版

〒160-0011　東京都新宿区若葉1-9-16
03（3353）2835—代表　03（3353）2826—FAX
03（3353）3679—編集
振替　東京 00100-3-131586
印刷・製本　中央精版印刷(株)

ISBN978-4-8272-1072-9 C0033